小文艺·口袋文库

成为你的美好生活

I知人
　cons

胶囊式传记　记取一个天才的灵魂

大卫·林奇
他来自异世界

DAVID LYNCH | THE MAN FROM ANOTHER PLACE

[美]丹尼斯·林 | 著　沈河西 | 译

上海文艺出版社
Shanghai Literature & Art Publishing House

献给约翰

目录

1　头号怪咖　　　001

2　三种美国观　　　021

3　大天空之乡　　　027

4　工业之都　　　035

5　头一部电影　　　039

6　内心世界和外部宇宙　　　067

7　天黑黑　　　083

8　欢迎来到双峰镇　　　107

9　《双峰》归来　　　137

10	坏思想	159
11	梦碎大道	183
12	统一场域	209

致谢	235
文献	237
所选影片目录	239

1 头号怪咖

在大卫·林奇的创作生涯中,有四个转折点,这四个决定性的时刻让一个平平无奇的爱尔兰姓氏变成我们这个时代的形容词。

1961年:弗吉尼亚州亚历山大市,一个女孩把十五岁的大卫·林奇介绍给了一个叫托比·基勒的男朋友。基勒的父亲布什内尔是一位画家,擅长画风景、静物和航海场景:就是那种挂在壁炉上的艺术品,质地尚可,销路尚佳。林奇在参观他的工作室的时候,惊讶地发现,原来靠这个谋生是可能的。布什内尔·基勒给了这个男孩一本罗伯特·亨利[1]的《艺术精神》。亨利是垃圾箱画派这一写实主义运动的代表人物,这一画派喜欢表现灰暗的城市,崇尚"艺术反映现实生活"的信条。亨利也是一位很有感召力的老师(学生中不乏爱德华·霍普[2]、乔治·贝洛斯[3]这样鼎

---
[1] 罗伯特·亨利(Robert Henry, 1865—1929),美国画家,垃圾箱画派领袖之一。
[2] 爱德华·霍普(Edward Hopper, 1882—1967),美国画家,以描绘寂寥的美国当代生活风景而闻名。
[3] 乔治·贝洛斯(George Bellows, 1882—1925),美国画家,以展现美国城市万象而闻名。

鼎大名的人物）。这本书是他的笔记和与学生对话的合集，除了技术指导之外，也有他关于艺术作为"我们最伟大的幸福"源泉的思索，还掺杂了一些激励性的话语（"创作出一些伟大的作品，孩子！"）。对少年时代的林奇来说，这本书几乎改变了一切，成了他可能从事这一行的象征。他决定把自己献给崇高浪漫的艺术事业，或按照他喜欢的说法，"艺术生命"。

1967年：林奇是宾夕法尼亚美术学院的一名学生，很巧，在1880年代，罗伯特·亨利也在这所学校就读。在宾夕法尼亚州落脚之前，林奇曾短暂地在波士顿的艺术博物馆学院求学，之后他曾计划前去欧洲师从表现派画家奥斯卡·柯克西卡[1]，但无功而返。对于这个小镇青年来说，费城贫穷暴力的社会底层——尤其在林奇生活的那个破旧不堪的后工业社区——是一场噩梦，但也正是在那里他开始以一个艺术家的身份立足，在那儿形成了他自己"最初的原创思想"。他的画作不管是字面还是形象上都变得越来越阴暗。有一天下午，他正在创作一幅近乎全黑的画作，画面中是一个夜色中的花园，他感觉到有一阵风从油画布上吹来，似乎要搅动画笔下的树叶。他开始想：要是画移动起来会怎样呢？要是它们能发出声音呢？几个月后学校的年度比赛上，林奇提交了一个多媒体作品：他把定格动

---

[1] 奥斯卡·柯克西卡（Oskar Kokoschka，1886—1980），奥地利表现主义画家，钟情于描绘人物和大型油画作品创作。

画投射在雕塑银幕上,画面中是一组面目狰狞的病人,胃里、食道里填满红色液体,他们纷纷呕吐,配以刺耳的汽笛声。他称这部电影处女作为《六人患病》。这部作品获得了一等奖。

1973年:尽管林奇很喜欢洛杉矶的新家——1969年,他与同为艺术家的妻子佩吉和刚出生的女儿詹妮弗搬到这里,在刚成立的美国电影音乐学院注册入学——对他来说,那段时间是他的人生低谷。他被第一部剧情长片《橡皮头》旷日持久的制作过程搞得心力交瘁。时断时续、资金短缺的拍摄过程还将持续三年多。作为一个有家室的男人,这个二十来岁的年轻人也因为养家糊口的责任苦不堪言。他感到焦虑沮丧,常常发脾气。他妹妹玛莎推荐他试一下她几个月前开始练习的超觉冥想。超觉冥想的创始人是玛哈瑞诗·玛哈士[1],他是包括披头士乐队成员在内许多大明星的精神导师。对此林奇将信将疑,但他又很好奇,就去洛杉矶的超觉冥想中心走了一趟,在那儿一位指导老师——长得像多丽丝·戴[2],日后他还会想起这个人——分配给了他一段口诀,就是"声音—震动—思考"。二十分钟里他要集中精力,双眼紧闭。那种"纯粹至乐"的体验无与伦比,以至于他丝毫没有意识到时间的流逝。林奇是那

---

[1] 玛哈瑞诗·玛哈士(Maharishi Mahesh Yogi, 1918—2008),印度灵修大师,超觉冥想运动的创始人。
[2] 多丽丝·戴(Doris Day, 1924—2019),美国著名女演员,活跃于1950至1960年代。

种喜欢遵循习惯的人，他声称从那以后没有落下一堂课：一天两次，每次二十分钟。他把与日俱增"源源不断的创造力"归功于超觉冥想练习，每次静坐的时候，总会在身边放上一本记事本和一支钢笔。

第四个时刻更难定位。也许是在恶评如潮的《沙丘》之后，这部片子促使林奇放言如果最终剪辑权不在他手里，他宁愿一部电影都不拍。也可能是在意外大获成功的电视剧《双峰》被停播之后，此事导致林奇在一块木板上用大写字母写下**"我永远都不会涉足电视业"**。（日后他会不止一次食言。）又或许这个时刻来得更早，就在他由画画这种个人艺术转向电影这种集体艺术的过程中，尽管林奇拍电影时也像画画那样掌握绝对的控制权。或甚至比这还要早，那个东游西荡的童年时期，蒙大拿的美国西部历史、个人主义神话一直在他心中留下难以磨灭的印象。不论是哪个时间点，即便从事电影这样一种工业化的媒介艺术，林奇依然意志坚定，在主流压力面前不随波逐流，自始至终只做自己。

1977 年 3 月，距离开机过去整整五年后，《橡皮头》终于在洛杉矶的国际影展首映。《综艺》杂志发表的影评标题是"一部晦暗血腥的美国电影学院习作，商业前景为零"。作为一部午夜场电影，《橡皮头》在纽约和洛杉矶一共上映了三年，美国国内就收获七百万美元票房，这一数字是其成本的七倍。下一部电影《象人》由梅尔·布鲁克斯担任制作人，为林奇赢得了一项奥斯卡提名。再下一部电影《沙丘》堪称电影史上最臭名昭著的票房毒药和灾难。在那之后，《蓝丝绒》则是那十年里最具里程碑意义的艺术佳作。1990年，林奇登上了《时代》杂志的封面，他被称为《双峰》背后的"怪异沙皇"。几个月后，这部电视剧被停播。

1990年，林奇凭借《我心狂野》摘得戛纳电影节的最高荣誉金棕榈奖。两年后再战戛纳时，《双峰：与火同行》却饱受倒彩，在媒体发布会上林奇还被呛声。之后是《妖夜慌踪》，这部电影在当时被公认为他所有作品中最晦涩难懂的一部。实在找不到什么噱头，发行方不得不在广告中用了一句《席斯科和伊伯特的电影世界》[1] 中惯用的损人话——两个拇指向下！随后拍摄的电影《史崔特先生的故事》由迪士尼发行，被定为 G 级[2]，全世界都认为那是他职业生涯中最通俗易懂的一部作品。

美国广播公司（该电视网之前还曾停播过他的《双峰》）砍掉了他精心筹划的《穆赫兰道》电视剧后，大卫·林奇就把未完成的试播带改成了一部单独的电影，这部电影为他赢得了自《蓝丝绒》以来最好的评价，还再次获得了奥斯卡提名。他对于这一意料之外的大获成功的回

---

[1] 席斯科和伊伯特的电影世界（*Siskel & Ebert & the Movie*），由美国著名影评人金·席斯科和罗杰·埃伯特共同主持的电视影评节目。
[2] 即"普通观众级"，适合所有人观看。

应是坚持更多的艺术自由,通过放弃胶片拍摄,他终于获得了这一自由。("胶片就像焦油坑里的恐龙。")他用一台便宜的数码相机拍出了《内陆帝国》,个中曲折与《橡皮头》如出一辙:零敲碎打地拍了好几年才完工。他还自己发行了这部电影。为了宣传,他还跑到好莱坞车水马龙的十字路口,竖了一块写着"供您参考"的海报,还牵了一头活牛。

在整个职业生涯中,林奇都是一个多面手:他整整十年在报章上连载四格漫画《全世界最愤怒的狗》,他也总是抽得出时间来画画,摄影,设计家具,玩音乐等等。晚年,他的工作室艺术收获了最广大的观众,2007年在卡地亚基金的赞助下,林奇在巴黎举行大型个人艺术回顾展——"谁的天空在燃烧",2014年,他重回母校费城美术学院举办题为"统一场域"的个展。他还出过两张专辑,《疯狂小丑时间》(2011)、《大梦》(2013)。他在路易 C. K. 的情景喜剧《路易不容易》中客串了一个滑稽的角色。他还拥有自己的有机咖啡品牌。他和高跟鞋设计师克里斯提·鲁布托合作,拍摄了一组裸女摄影图,足蹬高跟鞋的模特显出一股"拜鞋教"的婊气。此外,他设计了巴黎的寂静会员俱乐部,名字源自《穆赫兰道》中的同名场景。他给杜兰杜兰乐队[1]拍了一部巡演纪录片,又为克里斯蒂安·迪奥

---

1 杜兰杜兰乐队(Duran Duran),英国新浪潮、合成器流行乐队。

执导了一部十五分钟的宣传片，玛丽昂·歌迪亚主演。他做过的五花八门的事情中，以上只是其中几例。作为超觉冥想的坚定支持者，他代表"大卫·林奇基础意识教育与世界和平"基金会，深入校园宣传冥想，与各国领导人谈笑风生，还颂着一帮冥想同好四处演讲，他的戏班子包括演员拉塞尔·布兰德、量子物理学家约翰·哈格林和1960年代的民谣歌手多诺万。

林奇的职业生涯起起伏伏，时而急速飞升，时而惊人陨落，出人意料的绕弯，又或是长时间的沉寂。换一种视角来看，这也是一以贯之的，是这个近似孤独症患者一意孤行的最好证明。

我第一次问大卫·林奇是否能给"林奇主义"这个词下个定义的时候，他顾左右而言他。那是 2001 年秋天，《穆赫兰道》发行在即，就像每次被问到如何回顾自己的作品时，他都会打太极。"对不同的人，它意味着不同的事物，"他说，"你知道吗，我的朋友查理有个说法，"他指的是超觉冥想讲师查理·卢茨，也是美国大陆与玛哈士签约的第一人，"把注意力放在甜甜圈上，而不是那个洞上。"像"林奇主义"这样的概念，他继续说道，"更像那个洞。如果我开始想着那个洞，那就危险了。"

尽管他口口声声这么说，尽管他才拍了十部剧情长片，在导演生涯的大半辈子里，他和某一小撮艺术家一道，已然封神。这群艺术家以其作品中卓尔不群的力量和性格变成了家喻户晓的形容词。就林奇而言，这不仅证明了他的特立独行，同样证明了要给他的特立独行一个完美解释有多难。如果"卡夫卡式梦魇"意味着一种不祥的不合逻辑的氛围，"博尔赫斯式"会让人想起交叉小径的花园，如果"卡普拉式"[1]意味着自得其乐的乐观主义，"费里尼式"唤起的是嘉年华般的幻想的话，那"林奇主义"则意味着——好吧，事情要变得既诡异而有趣了。

林奇主义式感觉的矛盾之处在于它容易辨认，但又很难定义。《蓝丝绒》和《双峰》里那些古怪离奇的小镇似乎无法磨灭地打上了林奇主义的印记，但《妖夜慌踪》和《穆赫兰道》里如鬼魅附身的洛杉矶夜景，《我心狂野》和《史崔特先生的故事》里双车道高速公路亦是如此。对于任何熟悉林奇电影的观众来说——换句话说，只要你对流行文化稍有了解——任何场景和声音会瞬间变成林奇主义式。一条夜色中的道路。一个女人猩红的嘴唇。红色的帘子。聚光灯下的舞台。某一个场景会突然在我们眼前变成林奇主义式，譬如闪烁的灯光或音轨上突然膨胀起来的喧哗声，不寻常的中断或似曾相识的感觉。但林奇大于他这些效果的总和。——历数这些诡异场景并不能解释这些电影的陌

---

[1] 指的是弗兰克·卡普拉（Frank Capra，1897—1991），美国电影导演，其作品充满了乐观、积极的态度，始终坚守着理想和道德准则。他依靠自己的努力成为经典好莱坞时期最成功的导演之一，是"美国梦"的杰出代表。

生感和力量或它们展现的迷人之处。

蒂姆·波顿、昆汀·塔伦蒂诺、科恩兄弟、哈莫尼·科林[1]等形形色色姿态各异的导演都被称作"林奇主义"。这一概念也绝非仅限于电影界。智利小说家罗贝托·波拉尼奥那些具有自我反思特质的小说,曲折离奇、神话色彩浓厚的《迷失》系列电视剧也被称为"林奇主义"。一位专门负责摄影记者唐·麦库宁巴黎回顾展的策展人说,麦库宁的某张照片有一种**"林奇主义的氛围"**,那是 1960 年代柏林墙在建时期拍摄的照片。布鲁斯·斯普林斯汀[2]在描述自己青春时代的那个美国小镇时说那个地方"非常林奇主义":"一切都在那儿,但在下面,每一样东西都在隆隆作响。"苏珊大妈因为《英国达人秀》一炮走红,成为畅销口水歌天后,英国唱片工业的老炮阿兰·迈吉[3]为她站台,称她的音乐是林奇主义式的——"其怪异的超凡脱俗之美几乎到了悲惨的程度。"一位路易·威登的设计师 2011 年推出的那款男士毛衣和灯芯绒裤子受阿米什人的影响,带有"一丝怪异的气息",和一抹"汽车旅馆的红",他描述的时候说它们是林奇主义风的。

林奇主义表现的范围越广,就越难提炼出它的精华。一个常见的陷阱就是抓住某些模糊暧昧的术语不放:情感

---

[1] 哈莫尼·科林(Harmony Korine, 1973—):美国独立电影人。
[2] 布鲁斯·斯普林斯汀(Bruce Springsteen, 1949—):美国摇滚音乐人。
[3] 阿兰·迈吉(Alan McGee, 1961—):英国另类摇滚音乐人、吉他手,后拥有多家唱片厂牌。

啊，印象啊，情绪啊这些老生常谈的东西。诚然，模糊性本身是林奇主义很核心的特质，与一些不可言喻的概念连接在一起——崇高，神秘，凄惨——也与林奇最优秀作品中标志性的那种难以抑制的情绪体验密不可分：惨不忍睹的恐惧，惊为天人的美丽，难以自控的悲伤。大卫·福斯特·华莱士这位用语最精准的作家在其"不动声色的大卫·林奇"一文中，斗胆下了一个定义。他写道，林奇主义就是"一种独特的反讽，毛骨悚然与世俗日常结合在一起，以至于毛骨悚然就蕴藏在最日常的东西内部"。即便如此，华莱士承认这些概念"最终只能根据表面来定义——也就是说，我们只有亲眼目睹才能真正知道那是什么意思"。

这个术语被频频提及，以至于现在它往往是"古怪"的同义词。但这种滥用也证明了林奇在我们的文化意识中占据着非同寻常的中心位置，尽管就影片数量来说他算不上高产。他作品之独特是这一文化意识的很重要的方面——以及他的职业生涯都近乎不可思议，你会觉得他从始至终都是个异类。出生于1946年的林奇简直就是当代的史蒂文·斯皮尔伯格。《橡皮头》首映两个月后乔治·卢卡斯的《星球大战》就横空出世。林奇属于弗朗西斯·科波拉、马丁·斯科塞斯和泰伦斯·马力克（他在美国电影学院的同学）那代的电影人。但与大多数同代影人不同，尽管林奇重塑了美国电影，但他从没有被好莱坞体制收编。

事实上，恰恰相反：林奇的标志性成就就是他以本质上先锋派的美学渗透进了主流影坛。

作为一位深受欢迎的实验型电影人，随着年龄增长，林奇日益变得放飞自我，姿态更激进。他也越来越成为一种人格化的代表。很少有电影导演在公众意识中占有一席之地。从希区柯克到赫尔佐格[1]到塔伦蒂诺，这些人是例外，他们频繁地把外部的个人形象植入电影内部。林奇很少出现在自己的电影里，这些电影并不以直截了当的方式袒露他的心迹，但它们确实一直给人一种心理上的亲近感。它们给人一种感觉，仿佛脱胎于他的无意识，然后它们试图激活我们内心的某些东西。你很难知道，除了以人格化的方式去理解这些作品，还能怎么理解。

第一个大卫·林奇专访的视频录像要追溯到1979年。这段二十分钟的黑白录影是为加州大学洛杉矶分校的一门电视课程录制的，录制地点就像《橡皮头》里那一片贫瘠的荒地：洛杉矶盆地的油田，钻机井架一度矗立于城市地景上方。原油依然是加利福尼亚州南部的一大产业，但如今工业的迹象基本已消隐于视线之外，融入了日常生活。这个地方现在坐落着巨大的比弗利购物中心，石油钻探依然持续至今，就在布鲁明戴尔百货商店旁边一栋墙后面。

---

[1] 沃纳·赫尔佐格（Werner Herzog, 1942— ），新德国电影运动主将之一，与文德斯、施隆多夫、法斯宾德齐名。

就在这个时候，林奇初次尝到了被人前呼后拥是什么滋味：日后《橡皮头》将在圣莫妮卡大道的诺尔特剧院连续上演三年，当年是第一年。在巨大的坦克和生锈的管道组成的背景面前，一个热情洋溢的学生记者汤姆·克里斯蒂正向林奇和摄影师弗雷德里克·埃尔姆斯发问。三十三岁的林奇平铺直叙、鼻音浓重的声音就像来自动画片，津津乐道地谈着"整洁的地方""坦克下面"，解释说有一天他开车时发现了这个地方："我觉得这个地方很漂亮……如果你看对了的话。"他把摄影机的视线引向地上的一块污渍：是为了拍电影从一个兽医那儿买来的一只猫的尸体。"身体上覆盖着沥青，所以保存了下来。"

克里斯蒂问林奇时引述了一句暧昧的宣传语，说《橡皮头》是"一个黑暗的让人烦恼的梦"，他问道："你能再稍微解释一下这个说法吗？""不。"林奇立即回应道，摇摇头，微微一笑。克里斯蒂念了一段影评，那篇影评把这部电影比作一个梦境和噩梦。林奇一脸狐疑。"我不确定我是否知道这是什么意思，"他说，继而承认道，"这个说法蛮好的，你说呢？"

尽管让人捉摸不透，但林奇还是平易近人的，他不太推三阻四，而是努力说出一些吓人的概念，这些概念的用词客气一点说是比较基础的。《橡皮头》"在我脑中是一个很真实明确的东西"，他说："它不是随便拼凑出来的抽象的东西，它本来就是抽象的。"查理指出一个明显的前后矛盾：作为有家室的男人的林奇和创造了黑暗诡异的《橡皮头》的林奇。"我没那么古怪，真的，"林奇回应道，"而且很多时候平静的外表下是潜意识，对吧？那儿每个人都有自己的——不是一点点——深处的东西。"他提出了一套理论，即拍电影就是创造一个世界："不管一个东西多么古怪，不管你的电影要拍的那个世界多么奇怪，你都以某种特定的方式去做。一旦你看到了，那就不会是另一个样子或不会是之前那个地方了。它要打破那种心情或情绪。"最后他用了一句俏皮话作为结尾，解释为什么他起用了名不见经传的杰克·南斯，而不是某个名角："如果你想要到阴间去，你不会想和查尔顿·赫斯顿[1]一起吧。"

今天的大卫·林奇在很多方面都和这个面容苍白彬彬有礼的年轻人相去不远，他依然要尽其所能不在连番追问下乱了阵脚。那一头懒散的发型日后就会变成酷炫的招牌。那一身不修边幅的打扮——视频里那一件浅色衬衫外加一条拉链夹克——日后就正式变成了一套制服：卡其布宽松裤，皱皱的黑色西装上衣，以及更与众不同的是，一件纽扣齐整地扣到最上面一个的白衬衫。（那套装束没能逃过男性杂志的注意。《绅士季刊》称这种不打领带所有纽扣都扣牢的风格为"大卫·林奇式打扮"。）《时尚先生》甚至把这位大导演称作误打误撞的时尚教主："大卫·林奇衣着品位

---

[1] 查尔顿·赫斯顿（Charlton Heston, 1924—2008），美国男演员，主演过《宾虚》。

糟糕，但他可以蒙混过关，你不能。"

林奇本人给人的印象很友好。他目光亲切，英俊但又不失柔和，给人一种质朴的快乐气息。他经常能在他的演员中找出这些特质，最显著的莫过于凯尔·麦克拉克伦，两人在外貌上有一些相似。但林奇的友善还有一丝独特之处——一种提高声调的、一惊一乍的 1950 年代式的和气，有的人会觉得那一定是装出来的。通常他在记者会上用的个人简介里就是四个词："蒙大拿密苏拉的鹰级童子军。"不论是天生的还是刻意养成，又或是两者兼而有之，大卫·林奇这一板一眼的形象和他作品的黑暗、极端风格，对于怪异和堕落的迷恋大相径庭。就其作品来看，实际上，林奇这种和风细雨的平静派头看上去有点毛骨悚然。这一矛盾——美国式的怪咖大卫·林奇——决定了我们如何看待他。据说梅尔·布鲁克斯称他为"火星来的詹姆斯·史都华"（这一说法也来自制作人斯图尔特·康菲尔德），大卫·福斯特·华莱士形容他的声音是"吃了春药的詹姆斯·史都华"。

多年来，他的声音已经更加被漫画化了，甚至成为他自我戏仿的对象。我们大多数人都是通过林奇在《双峰》中扮演的不断出现的那个龙套角色得知这一点的，就是那个有听力障碍的中情局局长戈登·科尔，他那大雾弥漫般含糊不清的讲话不过是对林奇自己的说话风格夸张了一下而已。林奇和语言之间的纠结关系主要就在那个声音上，那种令人发抖的一路拔高的音调,抑扬顿挫的节奏。1979年的视频片段里就能明显看出来——从那以后几乎每一个访谈都是如此——说话对他来说不是一件那么容易的事。大卫·林奇和第一任妻子佩吉·瑞维(原名伦茨)都提到他的"牙牙学语"时期,这个阶段一直持续到二十岁出头,那时他一口气说出几个词都很困难。在他的早期短片作品《字母表》里,学说话是让人感到畏惧的体验:一个小女孩睡觉时一想到字母表里的字母就不寒而栗。

林奇自己的说话风格——以及他电影里人物说话的模式,那种喜欢用格言警句、循环往复念经一样的说白——给人的印象是,语言的作用主要不是传达意义,而是传达声音。去咂摸词语的客观属性就意味着逃离其限制人的本质。林奇不止一次地说到他得"学习说话",而且他极为特别的一点是,他貌似有限的词汇似乎在很多方面脱胎自他的美学观。与他对无形的东西的兴趣相一致的是,他对于抽象名词有一种奇怪的、笨拙的语法偏好:"当你把一件事做成了,你就会获得幸福。""真是悲哀,你觉得用你那破手机看电影就算看过这部电影了。"如果说他的电影经常在极端的情绪间摇摆,他谈话时的声调也是这样,尤其在谈论他的作品的时候。伟大的观念是"美丽"的,"摄人心魄"的,会让你"陷入爱河"。如果创作过程受到了阻碍,那真是一件"可怕的事","想死"的心都有。(林奇有咖啡瘾,他缺乏滔滔不绝的口才,就用仿佛打了咖啡因的一般的鸡血来弥补。)

艺术家认为艺术应该为自己代言,这不足为奇。但林奇的失语症是出于自我保护,几乎到了迷信的程度。说话对他来说不仅仅是一种削减,更是一种危险,与他认为艺术从根本上说是神秘的这一观点南辕北辙。他经常说他的电影应该留出"做梦的余地"。去解读一部电影,提供解释,揭示灵感的来源——所有这一切仅仅意味着想象的余地更小,做梦的空间更少。逼不得已要描述他的电影时,林奇往往会给出最大而化之的俏皮话:《橡皮头》是"一个黑暗的烦人的东西的梦",《内陆帝国》讲的是"一个处于困境之中的女人"的故事。从《橡皮头》开始,他就很小心地给他日益膨胀的传奇添上神秘的色彩:他从来没有透露过这部电影里那个基因突变的婴儿是拿什么做出来的(最广为人知的传言说是用牛犊胚胎做的)。他也坦言碰巧看到《圣经》上的一个句子,然后就有了《橡皮头》的灵感,但他又狡猾地拒绝明说到底是哪一句启发了他。

林奇并非对于他的艺术和创作过程完全不置一词。他一再提出一个近乎神秘主义的看法,说灵感自有其生命,独立于艺术家,等待有人从无尽苍穹中撷取。有时他也会把自己比作一台收音机,灵感就是凑巧调到了奇妙的频率。更经常的是他把灵感比作鱼,遨游在可能性的大海。这些概念最完整的体现就是他 2006 年出版的《钓大鱼:静坐、意识和创意》一书,这本书把散落各处的自传轶事,提升创意的点子,《薄伽梵歌》和《奥义书》里的引言结合在一起。有些部分介乎林奇少年时代的《圣经》,即罗伯特·亨利的《艺术的精神》和励志秘笈之间。这本书里很多极短的篇章里,林奇往往会描述他遇到的问题——愤怒、压力、作家的瓶颈,在每个例子里,他都会推荐静坐作为解决之道。书中有一些智慧的闪光会让你眼前一亮("在小餐馆里思考是安全的"),有的地方歪打正着诗意盎然("每一个单独的事物都是一个事物"),但大多数时候,就像机器人一样念报告("我爱法国人。""我爱梦的逻辑。"),而且翻来覆去啰里吧唆,看得人昏昏欲睡。读《钓大鱼》的时候,你会想起电影评论家宝琳·凯尔曾经说过林奇是一个天才白痴,大卫·福斯特·华莱士从《妖夜慌踪》的拍摄现场发来的报道称:"很难判断他到底是天才还是一个白痴。"所有这一切都符合我们已知的林奇的人格形象:最现代的艺术领域里最原始的艺术家。

尽管林奇可能对阐释采取强硬的姿态,他的阐释者却不计其数。就算他自己保持沉默,不乏满谷满仓的林奇研究层出不穷,从一些业余但执迷的迷弟迷妹到更劲头十足的老学究,应有尽有。没有其他电影人的作品,希区柯克除外,被如此细致深入地进行过精神分析的研究。这不足为奇:几乎所有林奇的电影都是爱欲和死欲这一对本能最生动的展示。他的人物呈现出的症状就像从精神病学册子里出来的：《蓝丝绒》里那个受虐待的女主角桃乐丝不就深受斯德哥尔摩综合征之苦吗？《妖夜慌踪》里那个杀妻嫌疑人弗瑞德·麦迪逊不就进入了另一个维度或得了精神性的失忆症？林奇自己则声称不懂心理疗法。他看过一次精神治疗师，第一轮治疗过去后，他问人家医生治疗过程会不会阻碍自己的创造力。精神病学家回答说会，然后林奇就再也没踏足过半步。

对于学院派电影学研究来说，林奇也是一个无法抵挡的名字。在1960和1970年代，电影理论开始体系化，从符号学、语言学、女性主义和精神分析那里借来一堆概念。1986年，《蓝丝绒》成为一桩文化事件的时候，后现代主义这一研究领域方兴未艾，成为占据支配地位的学术话语。《蓝丝绒》矛盾之丰富，效果之神秘，情节几乎就是对原始场景、俄狄浦斯情结等弗洛伊德概念的戏剧化，这部电影启发了日后满仓满谷的林奇研究。对许多批判理论的大人物来说，这是一个梦寐以求的分析文本。马克思主义批评家弗雷德里克·杰姆逊[1]称之为典型的后现代主义电影，因为它怀旧地执迷于一个从未存在的过去。女性主义理论家则从性别和权力关系的角度考察了这部电影。有的人说这部电影有厌女之嫌。其他人为之辩护，说它展现了父权制的"男性凝视"之多样性和复杂性。第一本研究林奇的

---

[1] 弗雷德里克·杰姆逊（Fredric Jameson, 1934—　），美国马克思主义文艺理论家。

学术著作出版于1993年，从那之后，陆陆续续出了几十本。学者们围绕大卫·林奇开了很多学术会议，发表了不计其数的论文，举起五花八门的棱镜分析他的电影，从拉康派精神分析理论到量子力学，无奇不有。他们从任何林奇主义的抽搐和修辞中寻找蛛丝马迹，从电影里无处不在的残疾和假肢到他明确承认的对于世纪中叶设计的喜好，通通被拿来大做文章。

林奇把他的电影看作可以栖居的世界。而对死忠粉来说，他的电影往往在诱导你逗留。《双峰》把电视事件提升到了新的高度，启发了一批一边喝咖啡吃樱桃派一边看电视的观众，也养活了一群热情的阐释者。《首映》杂志用心险恶地调侃道，有博士生以"水果馅饼符号学"为题做了长篇大论。还有一本叫《包在塑料里》的杂志，一共发行了七十五期，直到2005年停刊。（刊名指涉的是《双峰》里的校花和冤魂劳拉·帕尔默，她惨遭毒手后尸体被包在塑料袋里，冲到河岸时被人发现。）《双峰》让人上瘾的地方不仅在于调戏了一个漫长的谋杀案或那些林奇主义的怪人比如倒着说话的小矮人，还在于它给了观众一个机会进入到一个完全想象出来的太平洋西北部的一个伐木场小镇，那个地方充满了各种未知的恐惧和日常生活的慰藉："一个完全装饰出来的世界"，按照意大利哲学家翁贝托·埃科的说法，那是一部电影被狂热推崇的前提。林奇最风格化的作品都会让你沉迷其中。对于最初的观众来说，观看《橡皮头》是一番极为仪式化的体验,那部午夜场电影定义了那个时代。家庭录影带出现后,《蓝丝绒》梅开二度,再次受到热烈追捧,那些处于很容易被影响年龄段的年轻观众还在观看这部片子,把它当成某种启示或成人礼。《穆赫兰道》这部烧脑大片让观众绞尽脑汁,但不计其数的网站都显示,大量粉丝把它当成一个谜团试图破解它,花费不知道多少时间解开它的叙事线索,拼贴出作品背后更宏大的宇宙论。

  林奇的作品之所以那么容易被人拿出来分析,很大部分是因为它对于极端的偏好。他大多数电影都设置了鲜明的反差——或让人作呕的合流——善与恶同流合污。不论从字面还是从隐喻的意义上说,它们描绘的是光明遁入黑暗,反过来黑暗又遁入光明。情节是镜像反映的,角色是成对出现的(通常是金发女人和黑发女人交替出现)。事件会发生两次,或彼此抵消。他的电影充满各种潜藏在我们主导性的思维方式下的二元对立:与许多哲学、宗教和知识体系的根本组织原则所需要的二元论和辩证法相契合。然而如果林奇启发了这么多阐释者——如果说许多阐释都让人信服的话——为什么他依然像一个有待破解的谜?理论家越多,阐释得越透彻,林奇就越发显得捉摸不透,就好像你几乎可以从任何的视角来审视他,但看完后发现对他依然一无所知。

2　三种美国观

风靡一时的儿童读物《我们街上的好时光》出版于 1945 年 1 月，其风格类似《迪克与简》[1]，这是一部启蒙读物，记录了一对脸蛋红扑扑的兄妹吉姆和朱迪的童年壮举。一开始他俩在家门口白色栅栏旁看到绿树成荫的街道上装了一个旋转木马。故事里有一些血脉偾张的恶作剧场景——自行车事故，一只小熊从马戏团里逃出来——但主要还是以儿童的眼光观察怡然自得的邻里生活：他们遇到友好和善的领导，斗志昂扬地进入成人的职场。有几个绿意盎然的插曲里，你会看到熊在冬眠，知更鸟在报告春天的来临。

《我们街上的好时光》是麦克米兰出版的"今天的工作—玩乐书系"的一部分，是整个冷战时期美国小学里的主要读物。六岁的时候，大卫·林奇在华盛顿斯波坎读到这本书，里面对于知足常乐的小镇生活的生动描述——字

---

[1] 《迪克与简》(*Dick and Jane*)，一本从 1930 到 1970 年代风靡美国的启蒙读物，讲述小男孩迪克和小女孩简的故事。

面上的故事书版本——是他 1950 年代成长时期的缩影："我看到的大部分都是很快乐的，"1982 年时有记者问他《橡皮头》是不是反映了他童年时期的焦虑时，他如是说，"那是我们街上很美好的岁月。"

• • •

"美国又迎来了新的早晨。"罗纳德·里根著名的竞选广告（标题是"更骄傲，更强大，更美好"）的开场白抚慰人心地说道。这一曲振奋人心的赞歌歌颂着婚姻、家庭、勤奋工作和居者有其屋的理想，在这一段密集的一分钟蒙太奇镜头里，每一个美国人做着完全美国化的事情。这段广告在整个 1984 年大选季的广播电视里滚动播放，当时经济形势看涨，爱国主义情绪到达顶点，举国上下对遭到苏联抵制的洛杉矶夏季奥运会翘首以待。随着一个讲述者开始吹嘘低利率和低通胀，音轨上声音膨胀高扬。轻如薄纱的画面为每一条街道许下了美好的愿景：一个送报途中的男孩正骑在人行道上；一个三口之家一脸神气地把一条卷起来的毯子搬进栅栏围起来的房子里；孩子们往上看去，一个消防队员正举着一面星条旗。

五千四百万多美国人把票投给了里根，那年他以压倒性的优势碾压沃尔特·蒙代尔，成功连任。投票者中的一个就是大卫·林奇，他两度成为里根时代白宫的座上宾。林奇基本上避免与政治声明发生瓜葛，也形容自己是一个自由主义者。他执导了自然法党候选人约翰·哈格林2000年的竞选广告,哈格林也是一位修行者。2012年奥巴马竞选连任时林奇也表达过支持,虽然言辞中对米特·罗姆尼深恶痛绝:"如果将罗姆尼的姓(Romney)字母顺序调换一下,就会变成咱的钱[1]。我觉得米特·罗姆尼的打算就是要用他的脏爪子[2]伸向咱纳税人的钱。"为数不多的几次解释为什么支持里根时,林奇给出了完全模糊或浅显的理由:"我喜欢早些时候他在一次集会上的演讲。""我最喜欢他身上那种老派好莱坞、牛仔和清洁工般的气息"。

1986年的《蓝丝绒》让大卫·林奇从一个有趣古怪的导演变成了一个全新的作者导演。这部电影有一个永载史册的开头。我们看到白栅栏前开着红玫瑰,头顶是明丽蔚蓝的天空,鲍比·温顿[3]幽幽地唱起那首忧郁的同名歌曲(托尼·本内特[4] 1951年原唱,他的翻唱风靡一时)。如果说两年前里根的广告以柔和的镜头呈现的是类似的画面,那《蓝丝绒》则赋予这些画面一种华丽的、画册般的强烈质感,让爱国主义的色彩光芒四射。镜头缓缓推过,一辆消防车开过,喜气洋洋的消防队员在挥手,身边站着一只斑点狗。一个交通协管员举着一块明亮的红色指示牌向一

---

[1] 原文为 R Money,发音接近 Our Money,意为"咱的钱"。
[2] 原文为 Mitts,美国俚语中指"手"。
[3] 鲍比·温顿(Bobby Vinton, 1935—   ),美国男歌手。
[4] 托尼·本内特(Tony Bennett, 1926—   ),美国流行歌手。

列快乐的小朋友招手示意，指示牌上写着"停下"的字样。

这种阳光明媚的田园风光没有持续太久。一个戴着一顶巴拿马草帽和太阳镜的中年男子正在草坪上浇水，突然水管打到了鼻子上，然后他就开始抽搐发作，或是被虫咬了，紧紧抓住脖子，一头栽倒在地上。花园里的水管事故这个哏就像电影本身一样古老：1895年卢米埃尔兄弟的第一部作品《水浇园丁》标志着电影的诞生，兄弟俩把他们新发明的电影机对准了一个园丁。因为一个无伤大雅的玩笑，这个园丁被水管淋成落汤鸡。这部电影经常被称为第一部电影喜剧。林奇的场景算不上是一个闹剧，但它自有其荒诞主义的感染力。这个男子在仰面挣扎面部扭曲时，还紧紧抓着水管。一只狗叫着舔着管嘴里喷出来的水，一个不明真相的幼童冲着这一场混乱蹒跚走来。林奇的摄像机从这个可怕的场景移开，从湿漉漉的草丛中推过，一个闪亮的特写镜头，是一群乌黑的甲壳虫，不祥的咆哮响彻整个音轨。在这里，这几分钟经过提炼浓缩的片段，就是《蓝丝绒》要讲的故事：一个关于秩序和秩序毁灭的故事。

《蓝丝绒》是一个长大成人的寓言，一曲走调的纯真和世故的歌谣。面目青涩的大学生杰弗里·博蒙特（凯尔·麦克拉克伦饰）被叫回一个叫兰伯顿的小城去探望住院的父亲（草坪上那个不幸的男人），途中在一片荒野上意外发现一只被割下来的耳朵。这只耳朵是一个入口，一个兔子洞，通往兰伯顿——也是杰弗里自己——内心的黑暗。杰弗里追寻着一个谜团的蛛丝马迹，有时他似乎希望这个谜是存在的，然后就像林奇电影中经常发生的那样，他在一个金发女郎和一个黑发女子间举棋不定：当地警探家的乖乖女桑迪·威廉姆斯（劳拉·邓恩饰）和唱着伤感歌谣的落难女子桃乐丝·菲尔伦（伊莎贝拉·罗西里尼饰），她丈夫和儿子都被人绑架了。挟持了他们一家作为人质的那个男人叫弗兰克·布斯（丹尼斯·霍珀饰演），一个爱玩粗暴性爱和反常的心理游戏的疯子，他进入电影的那一刻带着一股近乎神秘的力量。

就像林奇不止一次提醒我们的，这是一部恐怖片，一个关于善与恶的故事，场景设置在一个温情脉脉的美国小镇里，但引起的回响却直达宇宙。在目睹弗兰克残忍虐待桃乐丝之后的那个夜里，杰弗里把车停在教堂对面，转向桑迪，近乎泪眼蒙眬，一脸痛苦地质问道："为什么世上会有弗兰克这样的人，为什么世上有这么多麻烦？"杰弗里这番话不可避免会让观众发笑。真诚就像恐惧一样能一举撕开林奇的电影。背后亮着若隐若现的彩色玻璃的光亮，从音轨上传来微弱的教堂风琴声，桑迪讲述了她遇见杰弗里那晚做的一个梦："我梦见我们的世界，由于没有知更鸟，所以变得漆黑一片，知更鸟代表着爱，这片黑暗维持了很久，突然间，几千只知更鸟被释放了，它们带来了爱的光芒，好像只有借着爱，才能够改变一切。事实的确如此。"桑迪从孩子气的想入非非中苏醒过来，转向杰弗里："所以我猜，这意味着在知更鸟来到前，麻烦还会存在。"

《蓝丝绒》的结尾，显然是桑迪的梦想得到了实现。杰弗里枪杀了弗兰克，拯救了桃乐丝，实际上把她从一个妓女变回了一个母亲，也使得杰弗里和桑迪开始重新开始纯真的交往。但这部电影的结尾——就像开头——有一种陡然加强一触即破的迷幻感：一派等着破碎的田园风光。电影最后一家人聚在一起的时候，杰弗里、桑迪和杰弗里的阿姨芭芭拉看到厨房窗口外一只知更鸟停在树枝上，嘴里叼着一只虫。这一幕最让人困惑的地方是这只鸟看上去就像是机械做的（那只虫不是）。"我绝不会吃虫。"惊讶万分的芭芭拉阿姨说道，一边往自己嘴里塞了一个不知道是什么的东西。

在《我们街上的好时光》这本让六岁的大卫·林奇分外着迷的书里，有一个知更鸟的故事，但书里没有提到知更鸟吃什么食物，也许作者不想让年幼的读者受到惊吓。但就在 113 页底部，赫然映着一幅温柔和恶心，饥饿与渴求交缠在一起的画面：一只知更鸟嘴里有一只在蠕动的虫，它停下来，把嘴对准嗷嗷待哺的一窝知更鸟幼仔。

3 大天空之乡[1]

大卫·基思·林奇于 1946 年 1 月 20 日出生于美国西北部蒙大拿州第二大城市密苏拉。他是唐纳德和埃德温娜·"桑尼"·林奇一家的长子,他父母都就读于北卡罗来纳州达勒姆市的杜克大学,两人在一次生物课的田野考察时相识。唐纳德修的是林学硕士,埃德温娜则念英语和外国文学。二战时,两人都在海军中服过兵役。1945 年,在加州马雷岛上的海军礼拜堂里,二人结为夫妻。二战结束后,夫妻俩回到唐纳德的老家蒙大拿,唐纳德供职于美国林业局,那是罗斯福总统设立的农业部的下属机构,职能是管理国家森林资源。

林业局在北部的总部就在蒙大拿的密苏拉,但作为一名林业科学家,唐纳德得辗转于各地。一家人离开密苏拉搬到爱达荷州桑德波因特的时候,大卫刚两个月大,他弟弟约翰出生在那里。两年后,林奇一家又搬到华盛顿州斯

---

[1] 蒙大拿州的别名是"大天空之乡"(Big Sky Country),因为那里空旷辽阔,一望无际。

波坎，家中第三个孩子玛莎出生。后来又在爱达荷的博伊西罗脚，大卫在那儿上完了小学和初中。大卫十四岁那年，一家人又开始搬家，到了弗吉尼亚州的亚历山大，他在那儿上完了高中。

离开蒙大拿的时候，大卫·林奇还是个婴儿，但大天空之乡的广袤天地水秀山青在他的自我形象中占据着中心的位置（"蒙大拿密苏拉的鹰级童子军"）。1940年代，密苏拉是一个人口两万五千的小城，当年是刘易斯和克拉克远征[1]中途停留休整的地方，不远处是当时世界上最大的木材厂。密苏拉四面环山，坐落在五座山谷的中心。东边是这座城市标志性的双峰，即巨型山和哨兵山。林奇的父亲祖上就来自这一片区域：唐纳德来自蒙大拿农场主的一支，大卫曾满怀深情地说起他的祖父欧内斯特，一个小麦农场主，驾驶着别克车，穿着磨光锃亮的牛仔靴，领带束在西装胸口。唐纳德和桑尼最后定居在加州河滨市，但一直保留着蒙大拿白鱼镇的一处房子。在《钓大鱼》这本书里，林奇称自己"不过是来自蒙大拿密苏拉的一个家伙"，他说"那不是世界超现实主义之都"。但他补充道："你可以在任何地方看到这个世界的奇怪之处，或者以某一种方式观看这个世界。"在《双峰》里，我们发现里兰·帕尔默

---

[1] 刘易斯与克拉克远征（Lewis and Clark expedition，1804—1806）是美国国内首次横越大陆西抵太平洋沿岸的往返考察活动。领队为美国陆军的梅里韦瑟·刘易斯上尉（Meriwether Lewis）和威廉·克拉克少尉（William Clark），该活动由杰斐逊总统发起。

才是杀害他女儿的凶手,他在打那个和死去的女儿长相酷似的梅德琳的时候,把她的脸往镜框上砸,打得她不省人事,吼道:"回你的蒙大拿密苏拉去吧!"

"美国有很多地方都叫兰伯顿。"林奇说过,他在好几个叫兰伯顿的小镇长大。因为唐纳德工作的关系,林奇从小辗转于西北部的木材王国——从一个木材之乡转到另一个木材之乡,他永远在幽深黑暗的森林边缘长大——大卫还会坐他父亲外出考察时用的载货卡车。"我很多时间都是在树林里度过的,自己生火。"在1987年的一个访谈中,林奇回忆道。(少年时代大卫的纵火欲还让他闯了祸,他和几个朋友把一个自制雷管炸弹丢到了学校的游泳池里,他因此在博伊西被逮捕。)唐纳德要救治得病的树,治理虫患,或许这也解释了为什么他儿子小时候对有触感的有机生物,生命的轮回以及分解这么着迷:念高中的时候,林奇就开始把死掉的虫子融进他的绘画里。

说起自己的童年时,林奇的描述和下面这个说法大同小异:"漂亮的老房子,绿树成荫的大道,挤奶工,建碉堡,很多很多朋友。那是一个梦幻的世界,发出嗡嗡声的飞机,蔚蓝色的天空,栅栏,绿草地,樱桃树——美国中部就是这样子的。"这一画面和氛围与《蓝丝绒》开头如出一辙。但在斯波坎林奇家的后院里,也有一株特别的樱桃树,那棵树上"有东西渗出来,有的是黑的,有的是黄的,上百万只红蚂蚁在黏糊糊的树上爬过,爬满了整棵树。所以你看,那是一个美丽的世界,你只要凑近看,全是红蚂蚁"。在别的地方,他又用电影般的语言重新讲述了童年记忆:"我在一个极致的特写镜头里看到生命——比如,口水混合着鲜血——或在场景头里看到宁谧的环境。"

林奇记得,他和父母在汽车电影院看了平生第一部电影,是亨利·金的《新潮试情》,一部彩色片,一曲小镇生活的颂歌。电影里有一个画面他一再提起,挥之不去,一个纽扣卡在了一个女孩的喉咙里——也许《六人患病》里的食道出问题,干呕不止,以及《橡皮头》里男主角的女朋友和她母亲窒息抽搐的灵感就来自于此。在博伊西的时候,林奇一家住的那条街上有一家电影院,叫维斯塔戏院(在《蓝丝绒》里,杰弗里就是在"维斯塔戏院后面"的荒地上发现那只耳朵的),他在那儿看了很多科幻怪兽电影和德尔默·戴夫斯[1]的青春爱情片。

根据大家的说法,林奇一家是再正常不过的一户人家了:唐纳德和桑尼是经常上教堂的长老派成员,不抽烟,不喝酒,除了短暂的一段时间里造炸药瞎胡闹意外,大卫是人见人爱的乖小孩,毫不费力地就适应了一家人四处奔波的生活。但就跟《蓝丝绒》里的杰弗里一样,林奇意识到——又或许他巴不得——在那种苹果派般的安逸之外其实还有暗流在涌动。"我很小的时候就知道,但我找不到证

---

[1] 德尔默·戴夫斯(Delmer Daves,1904—1977),美国导演,代表作《决斗犹马镇》。

据，"在《大卫·林奇谈电影》一书里，他告诉克里斯·罗德雷，"就是一种感觉。蓝天啊鲜花啊这些固然很美好，但还有另一种力量——一种剧烈的痛苦和腐败也伴随着一切。"他告诉另一个采访者"我看到的大部分是微笑"，但他称之为"奇怪的微笑"："这个世界可以是什么样的或应该是什么样的那种微笑。"他记得他盼着从来没吵过架的父母吵上一架。家庭生活是闲适的，但也让人窒息，甚至危机四伏，他告诉罗德雷："家庭这个地方，很多事情会不对劲。"

林奇对于童年的描绘——总是像《蓝丝绒》那种柯达彩色胶卷拍出来的开头一样，表面像画一样美轮美奂，但底下涌动着不安的潜流——让人想到《妖夜慌踪》里的一句台词。"我喜欢按我自己的方式来记忆事情，"比尔·普尔曼演的这个角色解释他为什么讨厌便携式摄像机时说，"而不一定按照它们实际发生的情况来记忆。"1980年代的一天，林奇在电视上看到亨利·金的那部片子时，他换了台——生怕看到什么和记忆相出入的地方。

大卫既不是运动员，也不是书呆子，少年时代的他喜欢游泳，打网球，为了讨父亲开心，他加入了童子军。在他十五岁生日那天，他穿着鹰级童子军制服，在肯尼迪的就职典礼上，他在白宫外的露天看台上负责帮贵宾入座。他喜欢讲起当年亲眼看见艾森豪威尔和肯尼迪坐在豪华轿车里驶过，后面跟着林登·约翰逊和理查德·尼克松的车队：四个美国总统排成一队。在亚历山大上高中时，他已经是一个财政保守主义者，他竞选了班级财务委员，口号是"与大卫一起省钱储蓄吧"（他输了）。他和他女朋友被评为最可爱的一对，在他们的年刊上还有一张他俩骑自行车的照片。但据他自己说，他是一个有点轻微的广场恐惧症的年轻人。"我有点那种毛病，就是不敢出门。"1992 他告诉一位采访者。少年时期某段时间，他养成了一个习惯，衬衫扣子一定要扣到最上面一颗，甚至还会打两条或三条领带：这种防卫机制被伪装成了古怪的时尚宣言。"如果我的锁骨露了出来，我就会觉得很奇怪，"他曾说，"我觉得非常不安，有东西在我脖子周围我会觉得好过很多。"

林奇对《新潮试情》里那个喉咙被卡住的场景记忆犹新，但按照《纽约时报》一篇影评的说法，这部"多愁善感的作品讲的是美国小镇看似美满的生活其实是很可疑的"，其实也概括了林奇镜头下两极化的美国。一个年轻的丈夫把一个世故的城里人妻子带回一个小镇，他在那儿开了一家理发店（《我们街上的好时光》中描画的基础设施之一）。电影进行到一半的时候，她离开去了芝加哥，马上就被人杀了。

把林奇带入纽约这个堕落大都会的是他的母亲桑尼·林奇，她是一个纽约人。童年时代，林奇会花好几个小时在林子里，目不转睛地盯着生病的树上的汁液和虫子观察，就像在看电视一样。在探望住在布鲁克林的外公外婆时，他发现这个城市也有它自己的堕落。林奇说在城市里，"一切都在下坠，我们还来不及清理或建造或让它好起来"。他乘地铁的经历就像但丁的地狱历险记："我觉得我真的好像在下到地狱里……完全是未知的恐惧——车厢的风、声音、味道、不同的灯光和气氛——那真是非常特殊的伤痛体验。"在年纪轻轻的大卫看来，这个城市的奇怪氛围也会催生奇怪的行为：他外公在公园坡有一栋没有厨房的公寓，林奇记得他看到过有住户在熨斗上煮鸡蛋（"真让我担心。"）。

在那个还很容易受外部影响的十九岁年纪，大卫·林奇搬到了费城，那是当时城市衰败的核心地带，他日后想来那是一座名副其实的罪恶之城："一个病态、扭曲、暴力、不寒而栗、腐朽、堕落的地方。"

4 工业之都

高中毕业后,林奇立志要成为一名画家,他上了波士顿的艺术博物馆学院。他最后的朋友杰克·菲斯克选择了库柏联盟学院。最初几年过后,他俩就深感失望。因此,1965年夏天,他们一起去了欧洲,那儿似乎有更多机会大展宏图,实现"艺术生命"——一方面,可以跟随奥地利表现主义画家奥斯卡·柯克西卡学习(在波士顿学校里时,林奇和他有过联系)。"我们就像梦想家。"菲斯克在2007年但一次访谈中告诉我。但现实并不像他们想象的那么梦幻。他俩到达奥地利的时候,柯克西卡并不在萨尔茨堡。在巴黎无事闲逛的时候,他俩在葡萄牙(菲斯克的选择)和希腊(林奇的选择,因为他喜欢的一个女孩子在那儿探望家人)之间举棋不定。两个人扔硬币定输赢。林奇胜。他俩坐上东方快车,在雅典待了三天,结果是更大的失望:林奇的心上人回美国了。没有浪漫邂逅的刺激,更谈不上什么艺术的启迪,盘缠也很快就要耗尽了,部分原因是因为林奇买进口万宝路花了很多钱，对一个背包客的预算来说，这个习惯太烧钱了——他们总共在欧洲待了十五天就飞回美国了。

回到亚历山大后，林奇继续画画，但他父亲不愿再供他吃穿用度了，如果他不好好上学的话，所以林奇兼了几份工——没有一份工作持续很久——他先后在建筑公司、艺术供应商店和画框店（在那儿他还被降职去做门卫，因为抓破了一个画框）打工。与此同时，菲斯克转到了费城的宾夕法尼亚美术学院就读，他催林奇跟他一起——他俩同时接到了体检通知，相比之下，还是上大学更吸引人一点。林奇提交了申请，1965年底被录取，还赶得上冬季学期开学。

1965年新年夜，林奇搬去和菲斯克一起住。菲斯克在北第十三街和伍德街的角落里租了一栋破公寓，在一个欣欣向荣的工业地带的核心区域，货运线纵横交错，对面是钢筋水泥的海德大楼，那儿曾经是生产可折叠信封的地方。房租非常便宜，距离宽街上的学院主楼只有几步路，但他们生活的小区却没提供多少舒适和便利。那栋大楼就快被拆掉，正处于疏于管理的状态。有的窗户不翼而飞了，在东北数九寒天的日子里，雪花和狂风往屋子里灌。菲斯克记得他俩得把一个老旧的咖啡壶临时改装成热水器凑合用。

制造业的黄金年代已经过去，1960年代中期的费城被犯罪和贫穷撕裂，1964年种族暴动频发，种族局势日益紧张。林奇和菲斯克住在一个叫波普的乌烟瘴气的餐厅隔壁，林奇习惯白天睡觉，晚上工作，他得确保及时醒来，赶在六点餐厅关门前去喝一杯咖啡。在餐厅时，他和那些在山洞一样的停尸间里的工人们成了朋友，停尸间就在他们公寓斜对角。菲斯克记得停尸间的工作人员会邀请林奇过去，"去看尸骨不全房这类地方，如果找不到全尸，尸体碎片就会被送到那里"。这个城市的谋杀案发生率在1960年代迅速上升，1970年代初达到顶峰。但林奇在费城停尸房看到的景象不一定就和他电影中的某些画面有必然的联系，比如最开始《蓝丝绒》里那只被割下来的耳朵。林奇描述过他在那条街上的人行道旁看到的运尸袋，运下来的时候袋子是打开，下垂的，就像《双峰》里"微笑的死神袋"。电影开头就是劳拉·帕尔默的尸体被包裹在塑料袋里，探员库柏梦里的一个预感就是"一个装在袋子里的微笑的男人"。

在美术学院的第一年，林奇开始和一个叫佩吉·伦茨的同学交往，她也是一个画家。1967年他俩结婚，同年，他俩用三千五百美元在费尔芒特一带买了一幢三层排屋。1968年4月，他们的女儿詹妮弗出生。林奇的新小区不像之前那个都是脏兮兮的油污，但治安状况不好。他们的房子遭过三次贼光顾，两次他俩都不在家。窗户被枪打碎，车被偷，那片街区还有一个孩子被枪打死。日后林奇在访谈中谈起他和佩吉亲眼目睹的暴力事件和画面，历历在目：

劫车、黑帮袭击、用粉笔画出的尸体轮廓。

甚至到了1987年，距离他离开费城搬到洛杉矶已经过去十七年，这一段成长环境里的记忆依然缠绕着他："现在我只要想一想费城，就能有灵感，我听到风，我出去到了一个黑暗的地方。"毫无疑问，林奇自己对于费城在他的个人神话中占据的中心地位心知肚明，他自己就指出过，十三大道上他那栋公寓就离爱伦·坡住过的地方不远，那是爱伦·坡创造力最旺盛的时候，在那波犯罪浪潮的初期，他写出了《莫格街凶杀案》这样令人毛骨悚然的小说。

今天，林奇在费城的第一个家周围那几个街区依然给人一种无人区的感觉，但工厂已经停工了，就跟许多美国老工业中心一样，那里开始有了复苏的迹象，也有一些分散开的居住群。那个几平方米的区域，2010年作为卡洛希尔工业历史街区被列入美国国家历史名胜名录，那儿有砖和混凝土造成的庞然大物，建筑是哥特和装饰派艺术风格的。

林奇那栋老排屋和那个波普餐厅早已不复存在，取而代之的是一个卡车停车场。先前是停尸房的那栋楼现在变成了罗马天主教高中的附属楼。低廉的租金，巨大的空间，也许甚至还有林奇的传奇，这一切都吸引艺术机构纷至沓来。尽管房地产经纪人乐观地把这一带吹成"乐活区"，有的当地人为了纪念那个最有名的老街坊，把它叫作橡皮区。

5　头一部电影[1]

《橡皮头》里的故事发生地从来没有明确,但无疑这个人间炼狱般的废墟非费城莫属——或者说,是林奇脑海里的费城。他曾开玩笑说这个片子应该叫"真实的费城故事",尽管这部电影是他搬到洛杉矶之后拍的,拍摄地就在那个城市人口稀少的市中心,场景也是费心搭建的,《橡皮头》还是打上了林奇在费城时期的烙印,那时他是一个刚成年的年轻艺术家。事实上,这是他最接近自画像的一部作品,尽管他的作品都很个人化,但他不是那种不是自传式的电影人。

《橡皮头》里那个不幸的男主人公亨利额头布满皱纹,那个背头发型仿佛被电击过一般,这个人物是林奇诸多精神焦虑的主角中的开山鼻祖。亨利身上那种挥之不去的困惑开始变得更具象化了,他久未联系的女友玛丽生了一个……某种不明物种:"他们还不确定那是不是一个婴儿!"

---

[1] 原文为 Head Movie,有双关意,一指《橡皮头》的"头",二指这是林奇第一部长片。

她哭泣着说。由于他们的后代后来变成一个鬼哭狼嚎、长满脓疱的怪物，《橡皮头》通常被解读成是一部讲述为人父或性之恐惧的电影，一个生殖恐惧的寓言。同习以为常的是，很多人在解读时指出来说林奇二十二岁就当了爹，他女儿出生时就是跛脚。还有别的报道更做实了一点，亨利是原初的林奇式的另一个自我，从那一身不合衬的正式打扮就可以看出：他穿西装，打领带，穿白袜，衣服上还有一个口袋保护袋，甚至在"拉佩勒工厂"做印刷工的时候，"休假"时也是这副打扮。林奇给费城的画家、画廊主人罗杰·拉佩勒做过一阵印刷工和雕刻工。玛丽和她父母住的那栋楼门牌号是2416，而林奇在费城的最后一个住所，他和佩吉花三千五百美元买的那栋三层街角排屋就位于杨树街2416号。

尽管沉浸在费城那种腐烂的遍地污渍的后工业氛围里，《橡皮头》远非一部城市现实主义的作品。在1981年和K.乔治·戈德温的一次访谈里，林奇说得很对，这部电影"是从费城的空气中长出来的"。《橡皮头》是对气氛的提炼，是对那个怀有敌意的环境的表现主义式夸张，那个环境既让林奇感到恐惧又让他觉得刺激。他在费城的第一个家就在费城美术学院向北几个街口，那一带都是仓库和轻工业区，下班时间一过就清空了。林奇这个夜猫子常常独自一人行走在幽暗狭窄的街道上，走在那高架桥下面升起来的铁轨上。《橡皮头》大多数外景戏里，亨利总是独自走过空空荡荡的荒地，经过废弃的建筑，穿梭在遍地瓦砾和管道间，被那神秘的排出的蒸汽云层还有画外的狗叫声吓到（林奇想起隔壁波普餐厅的狗看上去很古怪，小小的，但肚子膨胀起来"像水球一样"）。尽管有现实世界的对应物，林奇的费城故事首先讲的还是内心世界的状态。那嗡嗡作响的背景声更给人一种这是彻头彻尾天马行空的电影之印象，是发生在某人饱受压力、创伤的躯壳之内的故事。即使在他自己的房间里，亨利也无法逃离寒风的嘶吼或附近工厂的嘈杂声。他的雷达持续发出一种嘲弄的嘶嘶声。有人可能会说，《橡皮头》与其说在刻画费城，倒不如说是在表达这个城市是如何激怒林奇的。

对于一个眼界只在美国小城（除了去过几次类似纽约这样的大城市的经历之外）里打转的年轻人来说，费城就是"一个艺术家之都"，一种"伟大工业城的既视感"。在这里林奇才发现自己"爱上了工业和肉体"，这两个他作品中最持久的主题。电影是工业时代最后一个伟大发明之一，林奇的电影一直承认和工业的这种亲缘关系。"电影界没有人像我这样感受到工业和工人拥有的力量，这种火和油的概念。"他曾这么说过。对于工业的执迷一直鲜明体现在他的作品里，并一直延续到《象人》里那个维多利亚时代乌烟瘴气的伦敦，以及《沙丘》里被机械科技所主导的未来世界。锯木厂是《双峰》的一个关键地点——冒烟的烟囱和火光四溅的刀片就出现在片头演职员表的背景里。在林奇连载多年的《全世界最愤怒的狗》这部四格漫画里,有一个一再出现配合不同字幕的场景,一只被绳拴住的狗在一个围起来的后院里,背景处是冒着黑烟的烟囱。2006年,林奇宣布他有兴趣在波兰的工业城罗兹建一个电影制片厂,《内陆帝国》有一部分就是在那儿拍的,他有一组照片也是在那边废弃的工厂里取景的。

年幼的大卫学会通过观察昆虫和生病的树木来欣赏有机的生命过程是多么残忍和神奇。而处于后工业衰退期的费城则向他展示了更宏大的腐败景观。在这儿林奇可以感知到时间的运作,可以忽略周围所有的一切,专注于人造的物体和人工打造的环境。那个用极端的特写来看世界的男孩会变成一个直觉的形式主义者,一个艺术家。不管用的是画笔还是摄影机,林奇在思考要创作什么形象的时候,不论用活生生的人还是没有生命的物体作为构图元素,他都会看它们是不是有感官或美感上的潜能。他如此专注地看着它们,以至于他的凝视改变了它们的外表。"从某个层面来说,它是丑陋的,"在1980年的一次访谈中他说道,指的是《橡皮头》里那个肮脏污秽的世界,"但我把它看成某种质地和形象,快的区域和慢的区域……"

在这一林奇主义的视角之下,世界哪怕不是崭新的,也是歪曲的,这非常有助于我们解释《橡皮头》为什么能给第一次看的观众带来眩晕的效果。这是近几十年来少数自成一体的作品,不遵循任何已知的规范,也从不局限于一个基调,而是介乎幽默和恐怖之间,把让人恶心的迷醉和欣喜若狂的厌恶结合得天衣无缝。有时候它有一点像无声喜剧,其他时候又像一部恐怖片。在描述电影里那个搞不清状况的男主角时,林奇说:"亨利很肯定发生了什么,但他不理解那到底是什么情况。他非常非常仔细地观察着这一切……一切都是新的……每一样东西都要细看。"林奇可能也在描述自己是如何与电影这行结缘的。不像同代的年轻大佬——卢卡斯、斯皮尔伯格、斯科塞斯、科波拉,这些人都迷电影迷得发狂,一心想在好莱坞闯出一片天——林奇似乎是横空出世的,是从另一个地方来的。他拍电影是自学成才,而且绝对称不上什么影迷,他是从旁门左道误打误撞进入到这一行的,故事要怎么发生,移动的画面要怎么做,一开始他对这些统统没有概念。

宾夕法尼亚美术学院是美国历史最悠久的艺术院校,一直以秉持严谨的学术传统为傲,极度重视对于人形的表现。直到今天,沿着庄严华丽的楼梯,络绎不绝的参观者来到学院的主要画廊,而后面画室里的学生们还在描摹人体模特和大量古老石膏像。十九世纪末,该校最有名的教授、伟大的现实主义画家托马斯·伊肯斯教学生分解尸体,从而更好地理解人体和动物解剖。他在有女生参加的课堂上公然把一个男模特的缠腰带解了下来,因此被解雇,但他许多课程创新延续至今。学院经历了二十世纪画坛的起起伏伏，包容现代主义的创新，但也没有向抽象主义和观念主义的浪潮屈服。在林奇入学的 1966 年，具象派绘画已经不是所有学生都要默认遵从的模式。当时费城也有一个生机勃勃多元的艺术圈，林奇也找到互相砥砺切磋的同道中人，包括刚毕业的学生和稍长几岁的实践课教师，比如穆雷·黛斯纳、詹姆斯·哈瓦和伊丽莎白·奥斯本。"当时的学校风起云涌，我正好赶上了一股冉冉上升的大浪潮。"他说。

宾夕法尼亚美术学院固守的传统主义对林奇来说很适合，高中的时候他就跟布什内尔·基勒学过人体素描。作为一个视觉艺术家，他主要的兴趣一直是形象本身。他描述早期作品时说他们是"安静房间里的许多形象"。尽管发生在他作品里大多数形象内心和他们身上发生的事情一点都不安静，林奇通过电影，开创了一种看待人体的角度，将人体视为一个转变的场域和异化的地带。《橡皮头》讲的是在一个倒闭的工业区里发生的一次失败的生育事件，从一开始就把机器和生物联系在一起，就像那个伤痕累累的造物主（字幕里称之为星球上的人类）撬动扳机，将一个巨大的精子发射到宇宙中。林奇在学院里创作的部分早期画作探索的是人体和机器间奇异的融合。他称之为"工业交响曲"（1990 年他创作的一出音乐剧也用了这个术语），描绘的是"机械化的人"，"女人变成打字机"。多数画作的重点是畸形和假肢，就像林奇的电影一样，将内部的器官呈现出来，把生物**变成**机器，改造成一个充满洞口和管子的系统。

形体试验本身并没有多新潮，尽管林奇声称那时不关心艺术史问题，但想必他很清楚有哪些声名赫赫的前辈。林奇和佩吉这一对年轻夫妇住在费尔芒特附近，就在博物馆那条街的东北部。佩吉在费城艺术博物馆工作，那里的镇馆之宝就是大量马赛尔·杜尚的作品。在其纷繁的职业生涯里，有一段时间画了很多碎片化的肖像画。林奇在费城的那会儿，正好是杜尚遗作《给予》秘密创作完成的时候。1969 年杜尚去世后一年，这件作品现出庐山真面目，当时引起了巨大轰动。那是一扇毫不起眼的旧门，门上有个小洞（一次只能一个人看）。洞外的树枝上，躺着一个拿着煤气灯的裸体女人，背景是一片田园自然风光。许多人把林奇的作品和这件作品联系在一起，但他不记得学生时代看过它。尽管某个时刻这件作品给他留下了印象——杜尚的裸女构成了林奇 2012 年创作的名为 E. D. 的石版画之基础。

在林奇的学生时代，他与造型艺术的邂逅肇始于一次纽约之旅，他在马博罗·葛松画廊看到了弗朗西斯·培根[1]的个展，那次个展上有几幅是他的代表作，其中就有

---

[1] 弗朗西斯·培根（Francis Bacon, 1909—1992）：英国二十世纪最伟大的画家之一，其作品作为战后描绘人类形体的力作，在英国乃至世界艺术史上，都具有独特的地位。

受 T.S. 艾略特的诗作《肌肉萎缩》启发创作的《三联画》。林奇形容培根是一个"大人物，一流画家"。培根笔下的形象和林奇的形象有很明显的近似之处，都着重展现了身体的物质性和可塑性。但如果说培根画中那些扭曲病态的肢体追求的是法国哲学家德勒兹所说的"感觉的暴力"，在林奇的绘画和电影里，变形的恐怖常常被一种感官上的好奇心和探索新的肉体形式所带来的隐秘快感中和。而且尽管培根关注人类的动物本性——在肉体的意义上我们都是等价的——林奇对于生物的看法更像游戏主义、超现实主义，在他的作品里，人类、动物、蔬菜和矿物都存在于同一个物质的连续统一体中。

尽管如此，培根还是在林奇早期的电影实验中发挥了巨大的影响。对培根来说，运动是一个循序渐进的理想：他有几幅作品的原型就来自于埃德沃德·迈布里奇[1]对于运动中的动物形象的探索，他试图在绘画中捕捉一种运动的感觉。林奇想让他的画面动起来的欲望开始于某个时刻，这个事情他已经翻来覆去讲了很多次了：在他的绘画工作室里，他突然顿悟了，他听到油布中刮来一阵风，仿佛是油布让风动起来的。在拍电影之前，林奇创造了一个结合运动和声音的多媒体装置。一个球从斜坡上滚下来，通过一个开关组成的菊花链，然后划一根火柴，点燃一串鞭炮，

---

[1] 埃德沃德·迈布里奇（Eadweard Muybridge，1830—1904），英国摄影师，因使用多个相机拍摄运动物体而闻名。

一个雕塑女体的嘴巴张开，她嘴里的红色灯泡会亮起来，鞭炮就会爆炸，然后就会发出尖叫的声音。在这个拍电影之前创作的作品里，林奇电影中反复出现的线索已经可以找到蛛丝马迹了：一直聚焦在（通常是女性）嘴巴和分开的嘴唇上。

林奇下一个多媒体作品，他称之为《六人患病》，用定格动画的形式进行了尝试，更优雅地从静态向动态影像过渡。与对培根的崇敬相一致的是，林奇刻画的第一个运动镜头就是抽搐的人体，这个作品几乎就像培根画作的动画版。他用一个十六毫米摄影机拍下每秒两格画面，投射到一个树脂屏幕上，一分钟长度的视频循环播放。画面中是三张面孔，是从左上角林奇自己的脑袋投射出来的，一张脸在休息，另外两张显示一脸愁苦。另外三个头和身体出现在手绘的动画上，躯体被处理成未加工过的解剖用切片（除了其中一个，那是X光成像）。随着汽笛鸣响，人物的内脏填满屏幕，手臂开始挥舞。屏幕变成红色和蓝紫色，某一刻被火焰所包围。高潮是六个人集体呕吐，"呕吐物"（带条纹的白漆）几乎填满了整个屏幕。妙的是中间没有喘息的空档，马上新一轮循环开始，呕吐不止。

《六人患病》花了二百美元，对一个艺术生来说，也算所费不赀了，如果没有接下去这一系列事件让林奇进一步转向电影，他可能会在绘画这条道路上继续走下去。一位富豪校友巴特·沃瑟曼非常喜欢《六人患病》，就给了他一千美元让他再创作一幅"移动绘画"。但胶卷轴出了故障毁了所有的镜头,林奇也没有足够的钱来创作雕塑,把影像投射在上面了。沃瑟曼答应哪怕林奇拍出一部电影,他也能接受。结果就是林奇拍出了第一部有模有样的电影《字母表》,一个混合了动画和真人的四分钟短片,灵感来自于佩吉,她告诉林奇她有一个小侄女在睡觉时摇头晃脑背字母表。在林奇所说的"恐惧学习的小噩梦"里,蜿蜒爬行的字母阴谋吓唬一个画出来的女性形象(这个形象在我们眼前发生变形)和一个有血有肉、躺在铁床上的女人(由佩吉饰演)。在密密匝匝的音轨上,我们听到有人在吟唱的声音,还有一阵婴儿的啜泣(刚出生的詹妮弗录在录音机上的),有一个声音在发出警告:"记住你是在和人形打交道。"(就像遇到林奇这种怪才的时候,那种古板的艺术学校教员的说教)和《六人患病》一样,这部短片也以生猛的人体排泄结束:就像杰克逊·波洛克[1]的滴画法,这个女人把血喷到白色的床单上。

林奇没有放弃绘画,但他迷上了拍电影,当地一家叫 Band Box 的艺术影院帮他扩宽了电影品位,将他带入费里尼、伯格曼、戈达尔和塔蒂的电影世界。他听说新成立的美国电影学院正提供拍片资助,尽管觉得中标的机会微乎其微,他还是提交了《字母表》和新项目《祖母》的剧本。

---

[1] 杰克逊·波洛克(Jackson Pollock, 1912—1956),美国抽象表现主义绘画大师。

林奇拿到了五千美元的奖励金，后来他才知道部分原因是因为评审们不知道怎么归类他提交的申请。（他给电影学院主任看了粗剪的带子后，成功说服了学院全额资助七千一百一十八美元的制作经费。）《祖母》长三十四分钟，起用了真人演员和一个真实的叙述者，从规模上向《字母表》跨越了一大步。在饰演祖母的人选方面，林奇选中了桃乐丝·麦金尼斯，她女儿克里斯蒂嫁给了罗杰·拉佩勒，后者毕业于宾夕法尼亚美术学院，也是林奇作品的最初支持者之一。大家都管桃乐丝叫弗莱西，她是林奇在拉佩勒时的同事。（拉佩勒夫妇也是林奇作品的第一批收藏者，他俩以每幅二十五美元的价格购得许多他的早期画作。）

在《祖母》里，林奇再一次展现了他将不同生物杂糅在一起的想象力。通过这一出哑剧，以一个孩子的视角来理解生命是怎么一回事。短片的开头主要由动画片构成，巧妙地戏仿了生命繁衍的过程：母亲和父亲从倾倒在地上的牛奶状的液体中冒出来，偷偷摸摸地触摸了一阵对方的身体后，生出了一个儿子，他从地下冒出来，穿着一身燕尾服。这是林奇电影里第一个不快乐的家庭：男孩弄湿了床，留下一摊明亮的橘黄色污渍。暴躁的父亲抓住他的脸在这一摊污渍上来回摩擦。郁郁不乐的母亲一会儿对他引诱示好，一会儿激烈责骂。从那对兽性大发的父母那儿逃出来后，这个男孩在阁楼上发现一个装着种子的袋子，然后就把种子种在了床上的一个小土堆里，悉心照料它，直到它长出根茎——有一天这个男孩从那儿接生出了他自己的祖母。

林奇在费城制作的过渡性作品不止是处女作那么简单，从这些电影里能看出他在主题提炼和想法上的天分，日后它们会继续深化成熟。林奇的创作跨越了诸多媒介，他对于形式和内容等问题的思考也是许多导演从来没有尝试过的。第一部电影习作《六人患病》显然脱胎于他在画室的训练，但它的闭合形式也预示了日后他会将时间循环的结构运用到更多电影中。《字母表》这一林奇"牙牙学语"时期的作品表明，文本和语言在他的作品里占据着重要的位置，也预示了《双峰》里那个连环杀人凶手的签名，受害者指甲里残留着他留下的写着字母的纸屑。林奇的兴趣点在哪里，从《祖母》这个片子就可见一斑，这个片子里既能看到他绘画作品和《橡皮头》里对于生物形态的焦虑，也能看到《蓝丝绒》和《双峰》中对于家庭关系的恐惧。这部半小时的片子充满了暧昧的行为和矛盾的氛围，也表明如此难以定义和分析的林奇主调调已经初见端倪。

从形式上说，这些电影也奠定了林奇对于极端化的趣味和他对声音、视觉的风格化的偏好。《祖母》和《字母表》都采用了对比鲜明的配色，人物的脸上化的都是歌舞伎的白色妆，而且大部分动作场景都设置在漆黑一片的屋子里——在两部电影里，林奇在家里搭了景，把整间屋子都刷成黑色。（在拍《祖母》时，后期技术人员看到成品时觉得一脸茫然，就把色彩调亮，更接近现实中的肉体色调，反而更增强了对比效果。)《祖母》也标志着他和铁搭档声效设计师、剪辑师艾伦·斯普奈特佳作迭出的合作开始，斯普耐特那时刚辞去会计师的职务，然后加入了一个电影实验室，就在林奇费城住所附近。林奇和斯普奈特会为这部没有台词的电影的音响效果连着忙活了八个礼拜，有时会动用图书馆效果，但大多数时候就像动效拟音艺术家那样，以既原始又巧妙的方式凭空创造出一种声音。为了表现床单嗖地往后拉的声音，他们用了高尔夫挥杆的声音。为了让祖母古怪的口哨产生微弱的回声，他们录下了林奇吹口哨的声音，然后在没有混响设备的情况下，用一根铝合金管反复重录。

当林奇在画室里如同被闪电击中一般醍醐灌顶的那一刻，这种兴奋不仅仅来自于看到油画布动了，而且在于**听到**了它的声音。他迫不及待地把他的早期画作称作"交响曲"，这说明他的作品一直受强烈共感的影响。林奇经常会为斯普奈特画下形状，提示什么样的声音是他想要的。正如《蓝丝绒》里那只耳朵所暗示的，对于林奇来说，声音是最直接的引领你进入一个世界的方式。谈到他创作于1960年代末的绘画作品时，他表达了自己的渴望，希望它们不仅能动起来，还能变成一个空间把观看者包围起来。"你会希望那些边缘都消失，你会想要沉浸在里面，那是一种难以置信的体验。"对于导演和许多观众来说，《橡皮头》

基本实现了这一不可能实现的梦想。

　　林奇只在费城生活了五年，但那是一段关键时期，也是其创造力极度旺盛的时期。他乐此不疲地在群展上露脸，甚至 1968 年 12 月的时候，还在普渡大学举办了个展，共展出十四幅画作。林奇给媒体通稿写了一段个人简介，日后变成好莱坞导演后，他一直用的就是这段简介："林奇二十二岁，土生土长的蒙大拿密苏拉人，现居费城。小时候他是鹰级童子军。"费城和宾夕法尼亚美术学院为他提供了灵感和人脉网络，但对于林奇来说，他对课堂教学心生厌倦，上课会对他的创作构成障碍，所以他只修完了三个学期的课程。他给校方写了封信宣布说他要退学，这封信显然也是林奇主义风格的，黑色幽默似的加入了一些形象化的医学细节："我最近钱不够用了，医生说我对油画过敏。我有溃疡和蛲虫，此外还有肠痉挛的毛病。"这封信的日期是 1967 年 8 月 4 号，就在他拍完《六人患病》刚过去没几个月，但从信末的补充说明来看，他已经找到了此生的志业："我要认认真真拍电影了。"

　　《祖母》为林奇赢得了几个美国电影节的奖项，还在著名的德国奥伯豪森短片电影节上公映，凭借这部片子林奇申请进入了美国电影学院新成立的高级电影研究中心。他是在中心成立的第二年被招进来的。美国电影学院的领导对《祖母》里的音效印象非常深刻，他们还邀请斯普奈特主持声效系,他接受了。1970年8月,大卫、佩吉和詹妮弗搬到洛杉矶,斯普奈特也来了,想在电影业闯出一片天的菲斯克也接踵而至。

学院院长弗兰克·丹尼尔是新移民,来自捷克斯洛伐克久负盛名的电影电视学院,他是一位教电影分析和剧本写作课的重要导师。但就像在美术学院时一样,林奇发现美国电影学院的价值在于它所提供的圈子而不是课程。第一年大部分时间里,他都在忙着修改一个叫《后院》的剧本,这个剧本结合了《祖母》和《橡皮头》的元素。他有一句朗朗上口的套话是这么说的:"你看着一个女孩的时候,有东西从她那儿穿越过来。在这个故事里,那个东西就是一只昆虫。"这是一个关于通奸和罪咎的寓言——这个昆虫会在一个男人的阁楼上长大,就像《祖母》里那个同名角色一样。可能不是巧合,林奇第一次读到卡夫卡的《变形记》就是那时候。摄像师凯莱布·德夏奈尔也在美国电影学院,他很喜欢这个剧本,就把林奇引荐给了二十世纪福克斯的制作人,他们当时正准备投资类型片。这标志着林奇和潜在投资人第一次灰心丧气的遭遇(日后他还会遭遇更多)。试图把《后院》这个四十五页的本子改成剧情片的长度——实际上,是让它变得更正常——注定是要失败的。"我没法用一种常规的方式来思考,设计常规的对话,变成他们想要的样子,"林奇说,"许多人试图帮我,但我一开始喜欢的那些片段慢慢越飘越远了,充塞其中的都是我不喜欢的东西。"

《后院》黄了之后,林奇把注意力转移到了他的费城故事《橡皮头》上。美国电影学院批准了这个项目,以为这区区二十页的剧本会是一部短片,几个礼拜就能搞定。结果给他拍成了一部剧情长片——几乎耗时六年。怀胎数载终于瓜熟蒂落,《橡皮头》这个故事这已经成为独立电影界口耳相传的神话。林奇在这部作品中倾注的爱和辛劳是常人难以想象的,实际上可以算得上 DIY 偏执狂的巅峰了,以这个片子当时的拍摄状况来看,很难想象今天会有制作人或电影学院会批准这种拍法。当时美国电影学院的总部设在灰石城堡,就在比弗利山庄那一大片住宅区里的一栋大楼里,曾归石油大亨爱德华·多赫尼所有。(很多电影都在这个大楼里取景,包括保罗·托马斯·安德森的《血色将至》。)林奇获准在那一带东端的外屋里拍摄:那儿有一片马棚、车库和下人住房,他把它们搭建成临时摄影棚。洛杉矶公园管理者要把部分空间用去储存,白天要进去,所以他们只能在晚上拍戏,这很符合林奇这个夜猫子的习惯,也符合这部几乎全是夜戏的电影的需要。

林奇从《橡皮头》时期起建立起来的专业合作关系持续多年。他让杰克·南斯出演主角,南斯在旧金山做过戏剧人,刚搬到洛杉矶,想拍电影。他俩初次见面可谓一波三折——当时南斯正犹豫要不要拍这个学生导演的艺术电影,但当他带着崇拜的口吻对附近一辆大众汽车上一个自制木行李架发表了一番溢美之词时，结果发现原来是林奇做的，两人因此一拍即合。直到 1996 年去世前，几乎每部林奇的片子里都有他的电影。南斯当时的妻子凯瑟琳·考森是个女招待，也帮了很多忙，协助摄像机布光，搭建场景，还从店里拿来剩饭剩菜给剧组吃。考森标志性的角色就是《双峰》里那个"原木女士"，这个角色的灵感来自于拍《橡皮头》时的一个笑话：林奇声称他要制作一部电视剧，叫《我要用知识的每根枝权来检验我的原木》。摄像师赫伯·卡德维尔也从费城赶来加入林奇的团队，拍了几个月后，不得不离开寻找收入更合理的工作。他的后继者弗雷德里克·埃尔姆斯也是美国电影学院的，在日后与吉姆·贾木许、李安和其他导演的合作中大放异彩。他与林奇合作了《蓝丝绒》和《我心狂野》。林奇的亲朋好友也过来帮忙，包括他弟弟约翰，当时就住在洛杉矶，还有杰克·菲斯克，刚和因《穷山恶水》(1973) 一炮而红的女演员[1]结婚不久。《穷山恶水》的导演泰伦斯·马力克也毕业于美国电影学院，这部处女作一鸣惊人，由菲斯克担任艺术指导。菲斯克和斯派塞克（日后她也演了林奇的《史崔特先生的故事》）一直提供资金支持，直到《橡皮头》大功告成，菲斯克还在片中演了行星上的男人这一角色，化着面目全非的妆容。

---

[1] 茜茜·斯派塞克（Sissy Spacek, 1949— ），美国女演员，凭《矿工的女儿》获 1981 年奥斯卡最佳女主角。

《橡皮头》堪称在一穷二白的情况下拍出杰作的典范。林奇剧组从旧货市场上淘来布景，从旧货商店里淘来行头。景观公寓的场景也是在废弃片场里拍的，甚至一些胶片都是从摄影棚的垃圾箱里淘出来的。1972年5月29日电影开机，拍的是亨利去拜访他未来岳父岳母X一家时倍受打击的遭遇。亨利在沙发上局促不安地接受面无表情的X太太的盘问，这个镜头拍了一次就过了。但团队这么小，工作时间又缩水，不可能一直保持这一进度——更不要说有一大堆布景还要临时搭出来。对林奇来说，拍电影第一位的就是练习怎样建造一个世界。没有比《橡皮头》体现得更形象了。几乎每一个场景里都有一些精心手工制作的小物件或可爱有质感的表面：开头那个从亨利后面逼近的行星，从他床边的小土堆上冒出来的细枝，X先生为晚饭准备的那只四肢摇摆的鸡，亨利梦中那个被砍掉的头，形形色色的虫子和精子状的生物，当然还有那个潮乎乎的用纱布包扎起来的尖头尖脑的婴儿，施礼时南斯给他取名斯派克，他的身世直到今天依然是一个密不透风的谜。甚至那个蘑菇云发型都像一个活体雕塑，让南斯感到懊恼的是，好几年他都得保持这一发型。

　　对林奇这样一个在木匠作坊和艺术工作室里感到自在的人来说，这种手工作坊式的做法是最好的选择。这使他可以全权掌控整个电影制作过程，就像画家可以全盘操控画布一样。埃尔姆斯在加入《橡皮头》剧组之前给约翰·

卡萨维茨[1]做过一阵摄像助理。卡萨维茨是学院的驻院电影人，他的《受影响的女人》里很多角色都是学院学生扮演的。经历过卡萨维茨那种自由随性的氛围之后，一来到林奇那个独断专行的对细节近乎神经质般苛刻的环境里，还得费心适应。埃尔姆斯告诉我，刚进剧组那阵，他把一个道具移动了几英寸，这样可以对准他正在构造的镜头，结果另一个剧组成员就告诉他："我们这儿不能移动道具。"

电影里的每一样东西都要自己打造，最明显的一个问题就是时间耗费永无止境。拍摄常常会中断，在同一个地方，一边复杂的道具刚设计好，一边布景刚被拆掉重建。学院摄影棚的角落会同时充当亨利梦中的铅笔工厂、工厂的办公室和亨利大楼的大堂。1973年春天，学院提供的经费花完，拍摄暂停。这段空档持续了一年多，林奇变得非常沮丧，他开始考虑用定格漫画和人偶大小的亨利来完成余下的部分。为了还租金，他开始靠送《华尔街日报》维生。最后他从亲戚朋友那里拼拼凑凑弄来了一笔钱，美国电影学院也答应继续借给他设备。1974年5月拍摄重启，林奇还在做送报纸的兼职，半夜里休息的时候他设计送报路线，研究地图，寻找抄近路的方法，这样他就开始在一小时之内快速送完。

《橡皮头》的拍摄总共持续了四年。最后他们被人从学

---

[1] 约翰·卡萨维茨（John Cassavetes, 1929— ），美国实验电影导演。

院的摄影棚赶出来后，林奇用在埃尔姆斯家的客厅里搭建起来的特技台拍完了剩下的大部分效果片段。考虑到整个过程如此零敲碎打拍拍停停，成片那么流畅格外让人击节称赞。这么多年里，林奇不仅对这个在室内拍摄的电影热情如故，没有放弃，他还让这个过程变得生机勃勃，让他的团队死心塌地与他同舟共济，历尽千难万险。埃尔姆斯回忆到这个过程中的不确定性恰恰是吸引人的地方："大卫的电影之所以独特的一个原因就是因为它们是谜，他要揭开这些谜。我想我们就是因为不清楚到底会发生什么，才会被吸引进去，然后看看他怎么发现。"

换一个角度来看，《橡皮头》的难产也是一次舒适的孵化。旷日持久的拍摄过程使得林奇和埃尔姆斯可以试验风格化的灯光效果和粗陋的机械效果。林奇和斯普奈特也花了很多时间设计那些复杂、压抑的音响效果，对于这部电影的观看体验来说这些都是至关重要的。他们找遍了音响效果库，找到了一些天然的声音，再通过连通一台控制器改变这些声音，或像在做《祖母》的时候那样，让一些家用物品发挥陌生的功能：在一场爱情戏里，亨利的床变成一个牛奶池，为了表现微弱的铃声，斯普奈特录下自己在浴缸里用一个管子吹一个瓶子的声音。

1974年林奇和佩吉离婚之后，他就睡在片场，经常让人在外面挂上锁，这样就给人这楼没人用的假象。亨利的房间也变成了林奇的房间，实现了这个电影人的愿望，艺术就是彻底投入:他创造出了一个他可以实实在在栖居其中的世界。对林奇来说,与《橡皮头》生活在一起或许也让这部电影变得更明亮,在第一次长时间的空档里,他发现了超觉冥想。电影拍了五六个月后,一天他在画画的时候,暖气片女郎这个人物突然映入他的脑海。亨利的白日梦和噩梦日益侵入这个电影。目前为止,最温暖的一幕就是那个金发女郎,她一袭白裙,有一对怪异地肿胀的脸颊,她从暖气里幻化出来站在聚光灯照下的舞台上,哼起一首迷离的曲子:"在天堂里,一切都那么美好/你有你的/我有我的。"《橡皮头》以一连串大灾难结尾:亨利拿出一把剪刀把那个吱吱怪叫的婴儿杀死了,他的头膨胀起来充满了整个房间,然后星球爆炸了。"亨利去天堂了,"林奇告诉作家加里·印地安那[1]。亨利和暖气片女郎紧紧相拥时,电影里彻头彻尾的黑暗色调开始变成白到让人眼盲的光亮。这是一个林奇主义式的结尾:一个大团圆,但或许也不尽然。

《橡皮头》拍到一半的时候,林奇把一些片段剪在一起给潜在金主们看。其中重头戏是快结束的那几场戏,包括亨利拜访 X 一家,第一个晚上就拍完的那段。那是一个关键场景,林奇文思泉涌几个小时一气呵成写出来的。那是全片第一场有大量对话的戏,那场戏也让大多数观众开

---

[1] 加里·印地安那(Gary Indiana, 1950—):美国作家、视觉艺术家、电影制片人。

始意识到自己原来正在看一部喜剧。林奇把一些情景喜剧中惯用的元素——像见对方家长的晚餐——变成一个危机四伏的雷区，你摸不清这里面的因果关系，只看到一场面无表情举止失当的闹剧。玛丽坐在亨利旁边的沙发上，突然癫痫发作，X太太安抚她，一把抓住她的下巴，梳着她的头发。与此同时，一窝小狗正贪婪地吮吸着母狗的乳汁。X先生吵吵嚷嚷说着当水管工的苦恼（"人们都认为那些管子是凭空长出来的！"），他面前是一根巨大的管子，看上去就像从地里长出来的。在厨房里，X太太在面无表情僵尸一般的X祖母的帮助下拌色拉。亨利在切那只X先生为晚餐烤的乳鸽一样的生物时，黏黏的血液从窟窿里流了出来，两条大腿上下摇动，X太太看着看着就口水直流，一脸淫荡地陷入了昏睡。然后就是五雷轰顶，"有一个婴儿"，亨利一听到这话就开始流鼻血。

泰伦斯·马力克把林奇引荐给了一个好莱坞制片人。刚看了几分钟剪辑后的片段，那个人就愤怒离场。"没有人的举止是这样的！"他大吼，"也没人说话是这样的！"尽管他没看懂这部片子，满腔敌意，但这一发自内心的批评说出了林奇主义一个决定性的特质：人物的言行举止是扭曲的。这一点经常被大而化之地归结为林奇对于怪异的趣味是其古怪内心的外化。但从他反复提及对于城市的恐惧和迷恋来看，我们确实可以以另一种方式来思考他电影里所有这些猝不及防的诡异画风。大卫·福斯特·华莱士试图模仿老学究来定义"林奇主义"这个术语,他写道:"午夜十二点到凌晨六点这段时间,大城市巴士终点站里,百分之六十五的人往往可以算作林奇式的人物——他们毫无魅力,一脸憔悴,古里古怪,一惊一乍,有着和真实境况不相称的苦恼。"以这样的视角来看,林奇主义式的行为和文明社会边缘发生的情况有些类似,那些人没法表现得像个正常人,或觉得没必要装腔作势。

华莱士关于"大城市的巴士终点站"的类比可能也不算无稽之谈。正是在城市里,在去看望他祖母的时候,甚至就在美术学院的时候,林奇就接触到了光天化日下的怪人怪事或情绪不稳定的人们。他的费城记忆里交缠着惊惧和敬畏,在这个城市的穷街陋巷里,他与暴力近在咫尺,目睹人间惨剧。他回忆说,费城有"最怪异的人物,最黑暗的夜晚。人们的脸上都刻着故事","每天我都能看到一大堆可怕的事情"。

林奇对于费城最引人注目的描述会让人联想起一种如此神秘的氛围,它如此有力以至于让现实发生断裂:"那儿有的地方是允许腐败的,那里存在如此多的恐惧和罪恶,以至于只消片刻,你能看到另一个世界在你眼前一键开启。"那个神秘的罪恶之城引起的共鸣,让林奇变成更柔和版的洛夫克拉夫特[1],那个执迷于开天辟地建设新世界的

---

[1] 霍华德·菲利普·洛夫克拉夫特(Howard Phillips Lovecraft, 1890—1937),美国恐怖、科幻与奇幻小说作家,尤以其怪奇小说著称。

人，那个最擅长讲述美国鬼故事的极端分子。洛夫克拉夫特在布鲁克林小住过一阵，他把自己对于人类的仇恨，尤其是十九、二十世纪之交繁忙大都市的仇恨都转嫁到了精神错乱的哥特小说里，作品中充斥着四不像的野兽和阴森古老的神话传说。与洛夫克拉夫特不同，林奇不是一个虚无主义者，但两人都相信，恐怖和恶心是感官参与的手段，在这种宇宙论里，"这么多的恐惧"可以解放自然的律令，创造出"另一个世界"。

《橡皮头》在极度散漫和近乎隔绝的状态下终于瓜熟蒂落，好些时候才等到观众里的知音。"有很多人会看这部片子这个想法完全就是痴心妄想。"林奇说。第一次在美国电影学院放映时，一屋子演员、剧组和朋友鸦雀无声，一头雾水。埃尔姆斯回忆说那真有点"一言难尽"，大部分人不知道从何说起。戛纳电影节和纽约电影节拒绝了这部电影。林奇那会儿二婚娶了玛丽·菲斯克，杰克的妹妹。玛丽说服他在截至期限那天把《橡皮头》提交给一个叫洛杉矶国际影展的电影节。片子入围了，公映了，同期上映的还有伍迪·艾伦的《安妮·霍尔》。1979年3月19日《橡皮头》全球首演的那天，林奇不忍心去看。第一篇影评来自行业刊物《综艺》，把这部片子贬得一文不值。评论家称之为一部"病态的品位败坏的习作"，还刻薄地补了一刀："林奇花了五年时间拍出这么一部片子，简直叫人难以置信。"

消息传到纽约电影策展人本·巴伦诺兹耳中,当时他开始在切尔西的埃尔金剧院放映亚历桑德罗·佐杜洛夫斯基[1]那部西部片迷幻巨制《鼹鼠》。他开创了 1970 年代午夜场电影的黄金时代。《橡皮头》首映后,林奇剪掉了二十分钟,寄给了巴伦诺兹新的八十九分钟的版本(流传至今的都是这个版本)。电影放到一半,巴伦诺兹就打电话给林奇说他要预订这部片子。对于巴伦诺兹来说,如果《鼹鼠》是一部反映时代精神的电影,他可以把它打造成一场反文化仪式,《橡皮头》则是一部"未来的电影",不能"急于求成"。

1977 年秋天,在巴伦诺兹的帮助下,《橡皮头》在曼哈顿市中心的电影村上映。据林奇统计,第一晚来了二十五个观众,第二晚来了二十四个。但还是陆陆续续有观众来,足够撑过来年夏天的午夜场。一年后又在位于几个街区以南的韦弗利戏院上映,共演了两年多,直到 1981 年 9 月下片。另一位地下电影大师约翰·沃特斯[2](他的《粉红色的火烈鸟》《女人的烦恼》是邪典电影的经典之作)在访谈中对《橡皮头》赞不绝口。1970 年代末,这部片已经成为洛杉矶诺尔特剧院、旧金山洛克西电影院、巴黎埃斯库列尔电影院和伦敦斯卡拉电影院的固定排片。

---

1 亚历桑德罗·佐杜洛夫斯基(Alejandro Jodorowsky, 1929—),智利裔墨西哥籍剧作家、导演,邪典电影大师。
2 约翰·沃特斯(John Waters, 1946—),美国邪典电影的代表人物之一。

对于那些最早观看到这部电影的观众来说，他们在大半夜看到它时，就像从另一个宇宙穿越而来，《橡皮头》一定唤起了人们对于电影院的超现实主义想象，电影院就像一个通往**秘境**的通道，能打乱你的感官，混淆梦境和现实的界限。但即便《橡皮头》像是从某个未知时空里横空出世的，其实从很多方面来说，它都打有那个时代的烙印。与其说是一个故事，倒不如说是一个沉浸式的环境，它与我们今天所谓的"装置艺术"有很强的联系，这个术语冒升于1960年代，那个时代的艺术家开始对美术馆这一空间有了新的思考，它被看成意义的容器和观众参与的场域。以林奇的背景来说，你也会想到，这部电影与艺术圈有其他的共性，尤其是它对于肉身的恐惧和抛弃也能在保罗·麦卡锡[1]、维托·阿孔齐[2]和其他人当时的作品中找到对应。夕阳西下的城市是《橡皮头》的主要灵感，也是1970年代的电影取之不竭的主题和背景，那十年里涌现了一批描述城市腐败堕落的作品，如《出租车司机》《热天午后》《法国贩毒网》《骑劫地下铁》，尽管总体来说这些作品都采取了更为自然主义的拍摄手法。

《橡皮头》上映的1977年正值朋克诞生元年，尽管这部电影没有那么强的对抗色彩，但在发自内心的抗拒和故意口齿不清这些方面，与朋克风格也是异曲同工。随着这

---

[1] 保罗·麦卡锡（Paul McCarthy，1945— ），美国艺术家。
[2] 维托·阿孔齐（Vito Acconci，1940—2017），美国艺术家。

部电影日益受到推崇，它的光环也与其创造者的名不见经传紧密联系在了一起：这个大卫·林奇是何方神圣？第一篇他的个人简介出现在 1978 年 10 月《乐活周刊》的一篇文章上，日后许多介绍他的文章都是以此为基础的。那篇稿子一上来就提到甚至林奇的妻子玛丽也不清楚《橡皮头》是讲什么的，而林奇自己又"没有明说"。"整个电影就是某种潜意识的流动……"林奇告诉作家斯蒂芬·萨班和莎拉·朗埃克，"你知道，它就像在那摆动，它就是这样击中每个人的。它肯定对我意味着什么，但我不想谈论。"口风最紧的一个回答是，林奇被逼着说出那个婴儿的身世。"那是你造出来的吗？"萨班问他。林奇回答说："我……我不……我……斯蒂芬，我不想，呃……谈这个。"他补充道："如果我说了，我会觉得很糟糕。"林奇说亨利可能在压抑什么："他在试图维持，但还是有一个接一个的问题。""每个人都有潜意识，只是他们闭口不谈。那里有些东西。"这算是被迫让步，自我阐释吧。

即使从电影名称来看，《橡皮头》这三个字也会让人忍不住进行一番精神分析式的解读。那个头的橡皮是超我吗？那个婴儿是男性生殖器的象征吗？高潮时婴儿被切割，更不用说那个亨利断头的梦，表达的是阉割焦虑吗？但最终这个电影的出色之处与其说在于它的内容，倒不如说在于主角内心生命的形式，在于它是怎么藏在下面的，而不是"那里到底有什么东西"。《橡皮头》的开头，摄像机缓缓在太空里移动，直逼那个星球，越来越近，直到我们那个裂缝丛生的表面与我们劈面相迎。整个电影的轨迹是向内的，或许这与亨利的广场恐惧症相对应。怪不得电影呈现出了一种类似涡流的推力。即便在自己房间里的时候，那个荒无人烟的外部世界还在向他逼近，他最终在暖气片的包围下才找到了安慰。"拍《橡皮头》的时候，我离自己最初的想法真的非常近，"林奇说，"以至于有的场景更像是我脑海里的，而不是大银幕上的。"《橡皮头》是一种内在状态的胜利，是林奇通过退回到自己的脑海创作出来的杰作。他很快就会发现，下一个挑战就是怎样跳出去。

6 内心世界和外部宇宙

林奇为拍《橡皮头》倾其所有,这样的努力不可能再重头来过,那他接下来会出什么作品呢?也许由于没有一个明确的答案,大卫·林奇开始盖起了窝棚。

随着《橡皮头》一炮打响,好莱坞注意到了他。经纪人打电话来联系他,还开了几个会。林奇挑中了一个剧本《罗尼火箭》,是十年前他第一次去欧洲的时候酝酿的。这个片子的副标题是**"存在所具有的奇怪力量的荒谬神话"**,围绕着电展开,在《橡皮头》里电是原力,你能看到闪闪发亮的灯泡和那个发出嗡嗡声的发电厂,在很多林奇之后的电影里,你都能看到电突然出问题的时候,就意味着现实会短暂地闭合起来。在这部电影里,主角罗尼是一个侏儒,通过电获得了重生(就像弗兰肯斯坦创造的怪物),然后变成了一个摇滚明星。或许因为喜欢把这部片子描述成讲的是"一个三英尺高有生理缺陷的红毛怪,还有每秒转六十次循环往复的交流电"的故事,每一次推介会都无果而终。

林奇一直忙忙碌碌，即便在没戏拍的时候也是如此。他和玛丽租了一个带院子的房子，并开始沿着卖报的那条线路捡木头，完成《橡皮头》之后他还在送报。他忘我地搭窝棚，造车库、画室以及一个用于储存的小棚。这个工作很有手感，让他觉得满足——那是一种更亲密更实用的建造世界的方式。在被问到为什么对窝棚这么情有独钟时，林奇说："可以用来储存东西，也可以当小地方来用。"

　　就在林奇沉浸在造窝棚的闲情逸致中时，一个叫斯图尔特·科恩菲尔德的好莱坞年轻制片人的电话打断了他平静的生活。《橡皮头》在诺尔特剧院首映时，科恩菲尔德就看过这部片子。让林奇耗费了整整七年的两部电影《象人》和《沙丘》，其规模阵势与《橡皮头》相比不啻天壤之别。在他所有的作品里，这两部片子占据着很奇妙的位置，象征着一条前无古人的道路。没有一部是他主动提出要拍的。这两部片子都让人想起美国电影史上有过这样一个更无畏更陌生的时代，那时一个初出茅庐的后生也可以被信赖，获得重金支持。那也是一个传统的好莱坞路线依然在林奇掌控范围之内的时代，实际上——作为一个年过三十要养家糊口的男人来说，现在他有两个孩子（1982 年，他和玛丽生了一个儿子），那是他要为之奋斗的事业。

　　在林奇电影研究中，《象人》和《沙丘》往往不受重视，被认为本真性不足，或被贬低为命题作文。真要讨论起来的话，研究者一般都会通过 1950 年代法国批评家提出的"作者论"这一视角来详细考察这两部作品,探寻其中有没有作者的蛛丝马迹。作为一种阅读电影的手段,"作者论"强调电影的工业流程中导演个人的艺术匠心。由于这两部电影地位边缘,后来也有人试图弥补先前对它们关注的不足,尤其是一度诟病颇多的《沙丘》,现在也被一部分偏爱者视为杰作。(语不惊人死不休的哲学家齐泽克就认为它是林奇最好的作品——他的观点非常小众。)这两部作品都奠定了直到今天林奇和主流间谨慎微妙的关系。一部是决策失误,另一部则是红牌警告。

约瑟夫·梅里克出生于1862年,一开始是畸人秀里的展品,后来变成医学样本。由于他身体严重畸形,在短暂的一生中,他成为世人厌恶和迷恋的对象。他的个人经历常常来自伦敦外科医生弗雷德里克·特维拉的说法,在流行的记述中,特维拉将梅里克从饱受屈辱的巡回演出中拯救出来,把他变成维多利亚时期上流社会客厅里的奇珍异宝。在特维拉的书和许多后续的记述里,他都叫约翰·梅里克这个名字。他的故事堪称传奇,从这样一个谦谦君子为世人驱逐的故事里,你能看到人性最美好也最丑恶的一面。就在好莱坞注意到他的时候,梅里克已经是好几本书里的主角了,人类学家阿什利·蒙塔古就以他为主角写过一本副标题叫"人类尊严的研究"的书,大卫·鲍伊还主演过以他为主题的百老汇舞台剧。在科恩菲尔德把剧本拿给林奇看之前，林奇从来没听过象人，但这个标题就激起他强烈的创作欲。

下一步就是科恩菲尔德和制作人乔纳森·桑格（这个剧本就是他选的）说服最主要的金主——喜剧大师梅尔·布鲁克斯，林奇是导演的不二人选。布鲁克斯愿意为林奇赌一把，这让林奇信心大增。拍《橡皮头》的时候，没人主动向他抛橄榄枝，只花了两万美元。而派拉蒙出品的《象人》预算高达五百万美元。布鲁克斯看到《橡皮头》的时候，林奇满以为这个计划会流产。但出乎意料的是，布鲁克斯万分激动——他称之为上等佳作，把他和贝克特、尤奈斯库相提并论——尽管林奇整洁、保守的样子和他想象中《橡皮头》的创作者形象大相径庭。"我以为我会见到一个怪胎，"布鲁克斯说，"一个又小又胖的德国佬，一边吃着猪肉，浓汁从脸颊上流下来。"

林奇和作家埃里克·伯格恩、克里斯托弗·德·沃恩一同修改了这个剧本，让它更符合他的口味。就像日后许多电影那样，他设置了一对鲜明的对比：梅里克白天跻身上流社会，夜里则继续任凭医院里的搬运工虐待，重新沦为演出里的玩物。电影拍的是陌生的维多利亚时代的伦敦，但林奇的执迷一如既往。《象人》所在的世界是一个钢筋水泥和血肉之躯并存的世界。在给一个因为工伤面目全非的病人做手术时，特维拉用"可怕"一词来形容工业革命时代的机器——"你没法跟它理论"——暗示的是和梅里克的身体这一失灵机体的联系,他的身体也有自己的头脑。在描述《象人》身上日益增生的瘤状物时,林奇说:"它们就像缓慢的爆炸。它们是从骨头里往外膨胀的。"

从第一次试水商业片的表现来看,林奇证明了他在操控观众的期待和情绪方面游刃有余。当特维拉医生第一次见到梅里克的时候,林奇只让我们看到医生那张悲伤的脸,泪水从脸颊落下。整整半个小时里,观众都没见到象人的庐山真面目,他的脸被麻袋罩子遮住,只看得到背影和轮廓,以至于观众都不禁意识到自己身上的窥视欲有多可怕。最后,从一个尖叫的护士眼中,我们完完整整地看到了那张扭曲畸形的脸。这一刻爆发的戏剧张力更多来自于象人的反应而非那个护士,来自于他对自己能把别人吓坏感到惊恐。《象人》是一部非同寻常的怪物片,就像法国影评人塞尔日·达内[1]所说:"真正感到害怕的是那个怪物。"那种原始的林奇主义式恐惧情感甚至也融入背景故事里:从那段梦一般的开场来看,梅里克之所以会得此怪病,是因为母亲怀孕时,受到一只大象的惊吓,被撞倒在地。

对林奇来说,拍摄《象人》的经历也可以用恐怖来形容,从准备到拍摄(主要在伦敦郊外的埃尔斯特里摄影棚)到完成剪辑,他在英国整整待了一年。从一个在车库里捣鼓小玩意儿的人一下子变成名片大导演,这一身份转换给

---

[1] 塞尔日·达内(Serge Daney,1944—1992),著名法国影评人,曾任《电影手册》杂志主编。

他带来了表演焦虑，几乎崩溃。"那是唯一一次我真的想到靠自杀来停止这样的折磨。"后来他说。演员阵容里都是莎士比亚风格的大咖：安东尼·霍普金斯饰演特维拉，约翰·赫特饰演梅里克，约翰·吉尔古德饰演主治大夫。剧组里还有诸多资深工作人员，包括摄像师弗雷迪·弗朗西斯，他因为掌镜汉默电影公司的哥特式惊悚片出名，还有因为《阿拉伯的劳伦斯》获得奥斯卡奖的剪辑师安妮·考特斯。拍《橡皮头》的时候，道具都是林奇自己亲手制作，这一次他也坚持自己打造象人的妆容，让梅里克膨胀的脸庞弄得像尊雕塑一样。但林奇用聚亚安酯和硅胶泡沫制作的凸起肿胀坑坑洼洼的外壳会越来越硬，就像混凝土一样，几乎戴不上去。开机前几天，制作公司找来了化妆师克里斯托弗·塔克，他发明了一套复杂但轻便的模型，化妆时间长达几个小时，但可以让赫特相对自由地移动。

尽管拍摄过程充满恐惧，但林奇拍第一部商业片的时候，几乎没有作出什么妥协。梅里克身上的道具也赋予了他感伤的色彩，但在那张面罩后面，还有一些事情让人困扰，梅里克善良的本性，他的楚楚可怜，他那悲惨的命运，最终都在考验维多利亚时代道貌岸然的面具下到底是什么本质。一个护士告诉特维拉，他在拯救梅里克的同时，也让他陷入"再次被众人注视"的境地。观看者和被观看者之间暧昧的角色关系是林奇很多电影的核心，这种交织在一起的张力，常常通过舞台这一最具林奇主义色彩的空间上的表演蔓延开来。特维拉在一次畸人秀展览中发现了梅里克,而象人最后的救赎也发生在剧院,他在那儿看了一出哑剧《穿靴子的猫》,坐在楼厅包厢里让众人观看。

有人指出《象人》在某些方面具有自传性的色彩,这个片子讲的是一个被主流驱逐的人进入资产阶级社会的故事,而这也和林奇自己从一个无名之辈变成受人敬仰的大师这种经历有异曲同工之妙。1980年上映的时候,许多电影圈的人都没听说过林奇这个名字。有的影评人以为他是英国人。刊登在《纽约时报》上的一篇关于约翰·赫特的报道对导演的名字只字未提。《泰晤士报》的影评人承认他从来没有看过《橡皮头》。重要的影评人们都很喜欢《象人》,只有罗杰·埃伯特[1]是个例外,他一如既往对林奇多数作品抱持深深的敌意。在给派拉蒙公司做顾问时,宝琳·凯尔曾推荐过这个剧本,她对这个片子的褒奖之情溢于言表:"你看到的是新东西——潜意识的材料包裹在传统叙事形式之下。"这部电影在美国的票房是成本的五倍,尤其在日本和法国风靡一时,那儿有最死忠的林奇粉。对于林奇来说,他做梦都没想到第一次拍商业片就获得这么多荣耀:票房大卖,在有足够空间保留特立独行味道的同时,还获得电影工业的认可,拿到八项奥斯卡提名。

---

[1] 罗杰·埃伯特(Roger Ebert, 1942—2013),美国影评人。

尽管《象人》在奥斯卡颗粒无收——罗伯特·雷德福执导的处女作《普通人》斩获那年所有大奖——但却为林奇打开了大门。他试图让他的《罗尼火箭》再次发射，这一次的制作方是弗朗西斯·福特·科波拉的美国活动画片工作室，但科波拉不得不削减制作经费，因为他执导的音乐片《旧爱新欢》遭遇票房滑铁卢。乔治·卢卡斯问林奇他愿不愿意执导他的《星球大战》系列第三部《绝地归来》。林奇没答应，他选择拍一部自己的大片，把科幻小说界最让人捉摸不透的经典之一、弗兰克·赫伯特的《沙丘》搬上银幕。

跟林奇一样，赫伯特也是美国西北人。《沙丘》的灵感来自于他在一本杂志上看到一篇关于俄勒冈海岸流动沙丘对环境影响的报道。《沙丘》出版于 1965 年，背景设置在两千多年后的未来，在一个叫厄拉科斯的沙漠行星上，在浩瀚的宇宙里，那是唯一生产"香料"这一种最珍贵的自然资源的地方，香料可以让人麻醉，还能延年益寿。《沙丘》描述了人类对于这一珍贵物产的竞相争夺，这一作品呼应的是那个反文化盛行的年代里人类对于生态和迷幻的焦虑——但其影响并未止步于那个时代。好几个时代里，甚至 1986 年赫伯特去世后，他创造的这个宇宙都会陆陆续续出现在很多后续作品和周边产品里，不断衍生。

多年来，每一次有人试图将《沙丘》这一部太空大戏搬上银幕，最终都以失败告终。第一个作出努力的人是亚瑟·雅各布斯,《人猿星球》的制作人,他想和大卫·里恩、哈斯克尔·韦克斯勒一起合作这部作品。雅各布斯死后,影视改编权被卖给了法国制作人迈克尔·塞杜,他请来了拍过午夜场名作《鼹鼠》的智利邪典电影大师亚历桑德罗·佐杜洛夫斯基。佐杜洛夫斯基保证说他不用药物就能让观众产生幻觉,但电影最终没能拍成。如果他拍成了这部片子会怎样?多年来这已经成为了一个神话,2013 的纪录片《佐杜洛夫斯基的沙丘》则让这一神话变成了永恒的遗憾。这部未竟之作名声主要来于导演设想的那个集结各方大牛的豪华班底:演员阵容包括奥逊·威尔斯、萨尔瓦多·达利、米克·贾格尔,美术设计由瑞士超现实主义画家 H. R. 吉格尔[1]和法国漫画家让·"莫比斯"·吉罗[2]担当,音效请的是平克·弗洛伊德乐队。

佐杜洛夫斯基设想的是要把赫伯特这本五百页的皇皇巨著改编成一部长达十二小时的电影,这一计划意外流产之后,改编权落到了意大利富商迪诺·德·劳伦蒂斯手上。劳伦蒂斯的职业生涯几经大起大落,辉煌夺目,一直在阳春白雪和下里巴人间游走,从早年意大利新现实主义的滥觞到后来大明星扎堆的国际大制作,都有他的身影。劳伦蒂斯挑中的组合是雷德利·斯科特和鲁迪·沃利策(《双车

---

[1] H. R. 吉格尔(H. R. Giger, 1940—2014),瑞士画家,《异形》外星生物设计者。
[2] 让·吉罗(Jean Giraud, 1938—2012),法国漫画家,代表作《蓝色上尉》。

道柏油路》编剧),但斯科特没能交出一份可行的剧本。迪诺二十多岁的女儿拉菲正被培养要当家族事业接班人,她看过《象人》,感动落泪,于是提议让林奇来接手《沙丘》。

就像当初拍《象人》时一样,林奇对别人要让他拍的东西完全没有概念。"六月[1]?"他接到电话时一脸懵逼地说,这是一个出名的哏。但他一读到赫伯特的大作,显然就被吸引住了。这是一个千载难逢的机会,可以让他不止建造一个世界,而是好多个——四个行星呢!——每一个行星都各有千秋。那时赫伯特已经出版了四本《沙丘》系列小说,第五本正在写。一部《沙丘》电影,还可能拍续集,这可以保证工作的稳定性,也可以让他有机会讲一个连贯的故事,让他沉浸在一个虚构的世界里(就像后来林奇拍《双峰》时那样。)赫伯特的行文里充斥着五花八门的让人费解的新造词汇(Kwisatz Haderach、Bene Gesserit、Thufir Hawat),这也很符合林奇对于语言的感受,语言在他那里就是一种声音效果。小说里到处出现成对的现象——里面的人物和星球往往不止有一个名字——也很契合他对于二元论的偏好。《沙丘》里甚至还有一句林奇主义式的口头禅:"睡着的人必须醒来。"这一命令来自于救世主男主角的父亲,可以用在任何林奇电影里的主角身上,

---

[1] 林奇在这里把"沙丘"的英文 Dune 听成了 June(六月)。

他们在交替的现实里游荡，带着不同程度的清醒意识。

林奇花了一年半时间，七易其稿，才最终敲定一个一百三十五页的剧本。在把《沙丘》变成一个可以拿来拍电影的剧本时，他简化了枝蔓丛生的情节，也删减了过多的隐喻。作为一个冥想者，林奇可能和赫伯特惺惺相惜，因为赫伯特是禅宗哲学的爱好者，然而由于铺天盖地的数据和阐释，还有对当时的冷战和石油战争的含沙射影，导致这本书精神层面的蕴意基本上都被稀释掉了。"我没太真的领悟到《沙丘》里讲宗教的部分，"林奇在当时一次访谈中说，"对我来说书里这方面的东西太含混了。我确实拍了仪式、典礼和传统这些，但这不是一部宗教电影。"

看景组被派往撒哈拉、澳大利亚和印度选景，但制作人最后选中了墨西哥，墨西哥城里有一个名叫楚鲁巴斯科的制片厂，那儿有充足的录音棚，可以一次用很长时间，而且成本相对低廉，也离沙漠地带较近，也可以有足量的木材和皮革工人供应。演员阵容是一个操着五湖四海各国语言的大杂烩，那种典型的国际班底：德国演员尤尔根·普洛斯诺扮演统治阶级亚崔迪家族的公爵，英国女演员弗兰西斯卡·安妮斯扮演他的小妾，还有各路名人——斯汀、马克斯·冯·赛多、帕特里克·斯图尔特以及肖瓦娜·曼加诺（迪诺的妻子，拉菲拉的母亲）——轮番登场客串出演。而年轻的救世主保罗·亚崔迪，则需要一张不知名的脸孔。从一百个试镜者中，林奇挑中了在西雅图演舞台剧的凯尔·麦克拉克伦,他先前没有拍电影的经验,长得就像脸孔更嫩的年轻版林奇,而且碰巧还是个《沙丘》迷。

拉菲拉·德·劳伦蒂斯全程监督拍摄,她和林奇在墨西哥待了一年半,一直从前期到后期制作。《象人》的规模已经让林奇为之一惊。而《沙丘》是另一个类型的巨无霸,其场面堪比很久以前的"剑与草鞋"[1] 历史宗教史诗大片:四十个密集对话镜头,超过一千多人的剧组团队,两千人群众演员。不过,这次林奇没那么焦虑了,他已经经受过第一部好莱坞电影的测验,而且压力也因为他所说的"世界上最大的火车场景"带来的兴奋减轻了,这话呼应的是奥逊·威尔斯那个关于雷电华公司[2]制作基地的著名描述。制作时两次动用了楚鲁巴斯科八个大型录音棚,营造了八十个不同的场景。

林奇的《沙丘》首先是一场设计盛宴。赫伯特想象了一个后科技的未来,几个世纪前,在一次革命圣战中人类摧毁了所有"会思考的机器"。林奇和德·劳伦蒂斯都非常欣赏这部科幻电影,其新奇之处就在于避免依靠那些高科技小玩意。他们的研究之旅不是去美国宇航局,而是去探究威尼斯和佛罗伦萨的建筑奇观。即便在叙事上最晦涩的

---

[1] 剑与草鞋(Sword-and-Sandal),一种类型片,意指古罗马的着装风格,后来泛指古装剧的一种亚类型,其内容多取材自古希腊、古罗马神话或《圣经》故事,强调场面的宏大,比如《宾虚》。
[2] 雷电华公司(RKO Pictures),好莱坞黄金期美国八大电影公司之一,奥逊·威尔斯代表作《公民凯恩》出品方。

地方，《沙丘》也要用视觉去观赏：从中世纪到未来互相冲突的风格；那时还没"蒸汽朋克"这个词。安东尼·马斯特之前也做过《2001：太空漫游》的美工，林奇跟他说《沙丘》不应该给人以未来感。"我们回到过去，"马斯特说，"回到1950年代那种过度修饰、没有功用的装饰。"每一个场景都有独特的样貌。凯坦星的王宫，也就是未知宇宙的君主居住的地方金碧辉煌，一派巴洛克风格，到处都是摩尔人的蜂巢图案。而在丛林遍布的加拉丹星上，亚崔迪家族城堡的房间则是木制的，装饰着华丽的类似阿兹特克人的雕饰。林奇目前最喜欢的星球是工业风的吉迪主星，也就是得了麻风病的哈肯尼人住的地方，他把它想象成了一个巨大的工厂，充满作响的机器、黑油以及病态的绿烟雾。

"在这些场景里，你都不用费心去忽略假的东西。"冯·赛多告诉《纽约时报》。实际上这些场景如此真实，以至于没法被拆卸。摄影师弗雷迪·弗朗西斯不得不打光，像拍外景一样，而且几乎没有多余空间供他施展，这也许增加了总体上的戏剧化的生硬效果。林奇没有太多时间沉浸在他自己打造的世界里，因为电影制作很快变成一连串有待解决的问题。每一天似乎都会带来新的灾难，从停电到病患不一而足。食物中毒变成习惯性的问题，以至于拉法拉用飞机请来了一位厨师，还从意大利进口了几百磅通心粉，结果货物却被墨西哥海关扣押了好几个月。

但德·劳伦蒂斯家族身上流淌着擅长作秀的血液,他们的本能就是去大张旗鼓地宣传拍摄过程的困难。他们邀请了一帮记者和参展商去片场探班,拉法拉在接受采访时还眉飞色舞地大谈特谈在墨西哥拍戏如何艰辛云云。有一个好多篇报道都反复提到的故事,一个三百人组成的团队包围着二十五平方英里的萨马拉尤卡沙漠,赤手空拳地把所有活着的生物的沙丘清除干净,所有的蛇、蝎子和仙人掌都片甲不留。从预热报道的语调来看,大部分媒体觉得这部电影前景堪忧。《沙丘》的预算超出四千万,当时是环球电影公司制作的最昂贵的电影。对于好莱坞的记者们来说,很少有什么比一部耗资巨大的烂片——比如《天堂之门》[1]或《伊斯达》[2]——更让他们来劲了,他们会把它说成是电影工业过剩、胡闹的最佳象征。发自片场的一篇《纽约时报》的报道笔调灰暗地写道,林奇和拉法拉的"好人品也许是《沙丘》没能全面坍塌的唯一原因"。

林奇的参与也加深了媒体对于这部片子的关注。《滚石》杂志上一篇报道劈头盖脸来了一句:"这个导演曾拿出一罐脱毛膏,然后把一只老鼠身上的毛全给剃光了,他们居然把四千万交到了这样一个人手里。"制作人们也跟风强调说一个眼光独到的作者导演要去驾驭一部非个人化的好

---

[1] 《天堂之门》(Heaven's Gate),美国西部片,迈克尔·西米诺执导,1980年上映。
[2] 《伊斯达》(Ishtar),美国喜剧片,伊莲·梅执导,1987年上映。

莱坞大制作，这本身就很有违和感。"把大卫·林奇请来，然后又想方设法阉割他，这太疯狂了。"拉法拉说。但林奇并没有最终剪辑权。一位剧组成员匿名对媒体说迪诺和拉法拉放手让林奇去拍，但"他们明知道他们压根就不会剪进去"。制作人们还态度坚决地让他严格遵循 PG 级[1]，时长两小时十五分钟。

1984 年 12 月《沙丘》的上映，堪称一桩规模宏大的商业盛事，又有玩具，又有棋盘游戏，花样百出，批评家们已经虎视眈眈伺机挖苦了。"《沙丘》里有几个人物精神有问题，"《纽约时报》的影评文章说道，"这给了他们独特的优势，可以理解这部电影到底是在拍什么。"《沙丘》对于信息的展示也让人不堪重负。看片前，观众都拿到了一份疑难词汇表，一坐下来就看到维吉尼亚·马德森只有头部出现在太空里——可能是要与《橡皮头》开头的亨利以及《象人》结尾梅里克的母亲形成呼应——她说出了观众将要进入的这个宇宙的法则。这部电影还有一个更诡异的传达信息的方法，就是让剧中人物用低声独白的方式说出内心的想法——林奇用这种没什么想象力的方式来抵达他们的头脑，把内部空间和外部空间结合在一起。

《沙丘》在美国本土收获了三千万美元票房，直到今天，这依然是林奇票房最好的一部电影，当然相对于四千

---

[1] PG 级（Parental Guidance Suggested），美国电影分级制度的一级，即建议在父母的陪伴下观看，有些镜头可能会产生不适或不适合儿童观看。

万美元的投资来说，依然是票房滑铁卢。在电影上映之前，林奇就知道他要把这部电影抛在身后。《沙丘》的媒体报道援引了他关于下一步计划的说法："我想要拍发生在美国的故事，想要把人们带到一个他们没法逃离的世界。给他们一套独一无二的画面和声音。让他们踏上探索自身存在深处的旅程。"

7　天黑黑

林奇前三部电影的故事都发生在一个需要被创造的世界里：宛如世界末日后的费城，重新想象出来的维多利亚时代的伦敦，或是未来的银河帝国。但如果要完全传达出他的感受，则需要回归更现实的地表——或更具体来说，回到美国，那片生他养他的土地，那儿的恐惧和欲望赋予他作品养料。唯一一部林奇亲口承认可以部分称之为自传式作品的电影就是《蓝丝绒》，这部片子早在 1970 年代初就开始在他脑中酝酿了，而创作冲动则要追溯到更早的时候。鲍比·温顿的同名歌曲发表于 1963 年，那年林奇十七岁，这首歌是一个起点，就像他说的："潜入一个女孩的闺房，在夜里窥视她。"这一灵感"一半是欲望，一半是观念"。这部片子让人最难以忘怀的一个镜头——桃乐丝突然出现在修剪过的房前草坪上，伤痕累累，一丝不挂——就来自于一段成长时的记忆：林奇和他的弟弟约翰在爱达荷州博伊斯的一条街上，看到一个没穿衣服的女人，这惊人的一幕把约翰吓哭了（"因为她疯了,发生了很糟糕的事情——我们俩都知道甚至她自己都不知道她是谁,也不知道她没穿衣服。")。和林奇的童年相连的冲动——他父母对此不以为然——可以用来解读电影里那个标志性的段落:大学生年纪的男主角杰弗里畏缩在衣柜里,带着恐惧和兴奋眼睁睁看着弗兰克殴打桃乐丝。尽管不是一部历史片,但《蓝丝绒》充斥着各种关于过去的能指:老爷车、过时的时装和流行老歌都让人想起林奇的青葱岁月。用林奇的话说,杰弗里是"一个理想主义者","他的所作所为就像五十年代的年轻人"。

对林奇这样一个在草木皆兵的冷战时期长大的孩子说,理想主义是和1950年代短视的乐观主义联系在一起的,而不是1960年代的革命狂热。但与其说《蓝丝绒》是一则关于压抑有何价值的寓言,毋宁说它是一个关于压抑之不可能的残酷笑话。正如林奇所概括的:"你心存忧虑,当你试图看清那到底是什么的时候,你就得学会接受它。"换句话说,这是一个长大成人的故事,如此多的细节——明亮的色彩,巨大的怪物,让人咋舌的对于性的痴迷——仿佛就是一个孩子正在成形的心理映照。兰博顿这个小镇就像一本图画书,通过那些基础机构(警察局、高中、小饭店,大街上的生意如博蒙特的五金店)就能发现这一点。谜团逐渐破解的过程中,挨个登场的人物从标签上就能看出是从儿童读物里来的:衣着光鲜亮丽的男子,蓝衣女郎,还有那个黄衣男子。但《蓝丝绒》的故事没有按照男主角错愕的纯真发展，而是像一个早熟的孩子一样，发现成人世界里的残酷秘密，从而给观众以眩晕之感。

"我看到有的东西一直隐藏在那里。"杰弗里告诉桑迪，睁大眼睛。看《蓝丝绒》的时候，我们时而坚信自己看懂了事件发展，时而又处于完全摸不着头脑的状态。我们知道弗兰克是虐待狂，桃乐丝有受虐癖，杰弗里是窥视者，他为这些父亲母亲的形象着迷。但这样一个欲望图示却无法解释电影创造的暧昧不明之感：人物一方面渴望救赎，一方面又变态扭曲，一方面渴求世故，一方面又渴望一种切切实实活着的感受。即便那些"一直隐藏"的东西展示给我们看，但这部电影也在向我们暗示还有另外的东西一如既往处于幽暗之地，无法为语言或意识捕捉。

《蓝丝绒》在许多人心中留下了不可磨灭的印记。对大卫·福斯特·华莱士来说，这个电影几乎如当头一棒：（这个电影）"太重要了！"，他还记得第一次看到这部片子是哪天，还记得看完后他和一帮好朋友在咖啡馆里热烈谈论这部电影给他们自己正在进行的叙事实验带来了怎样的启示。这个电影也在格利高里·克鲁德逊心中埋下了种子，这位摄影师以绚丽繁复的林奇主义画面为人熟知。克鲁德逊说杰弗里这个人物让他非常有共鸣（"他有一种既在那儿又不在那儿的感觉。"），他说电影里那个原始场景让他想起小时候他那个做精神分析师的父亲讲给他听的故事。在一篇纪念电影上映二十周年的文章里，加拿大导演盖伊·马丁写道，他和林奇一样对性心理过剩非常感兴趣。马丁执导过由罗西里尼主演的电影《世界上最悲伤的音乐》。他称《蓝丝绒》为"插进大脑的一根鸡巴","最后一场冲击影坛的地震"。第一次看到《蓝丝绒》的时候，克鲁德逊和华莱士都在读艺术硕士，这部电影对于下一代讲故事的人和制造画面的人所带来的影响不容低估。华莱士写道："它让我们（他的校友）深切地意识到……最重要的艺术创作发生时，它不是懂多少知识就行的，甚至你自己都没完全意识到……"

另一波观众第一次看《蓝丝绒》的时候正好赶上1987年家用录像机上市，由于视频播放器价格大跌，家庭摄影进入快速发展的时期。（当时超过百分之五十的美国家庭就有一台录像机，这一数字比几年前多六个百分点）。1980和1990年代成年的为数庞大的X世代[1]在自己的客厅或卧室里那一方净土，通过《蓝丝绒》的录像带或《双峰》发现了林奇，这并非微不足道的小事一桩。即便在Pan and scan比例的录像带上，超出三分之一的宽屏画面要被切掉才能适合四四方方的电视剧屏幕，《蓝丝绒》还是散发出一种让人不寒而栗的威力。实际上，对这些不明真相，也可能是偷偷摸摸的观众来说，这种紧张感显得尤为强烈，他们为电影身上那种禁忌的光晕所吸引，并不知道他们会遇到什么。

---

[1] X世纪（Generation X），主要指1950年代后期和1960年代出生的世代，这个说法一般出现在北美地区。

《蓝丝绒》玩的是记忆的戏法，或许这也是为什么时间不曾减损它那迷幻的陌生感的原因。在我们的记忆里，它就像一场梦，有些细节永远驻留脑海，有的转瞬即逝。它留下的台词依然萦绕在我们耳畔，每次回响，意义都会发生变化：桃乐丝在被抽打时的渴求（"救我！""打我！""抱住我！"）还有弗兰克那句如同魔咒的"现在天黑了"。这个电影还留下了诸多坑没填满，很多谜题尚待解开，人物的动机和欲望依然含混不清。最让人挥之不去的莫过于它那种最抽象的质感：房间里的氛围，夜晚的肌理，时间加速或静止之感。换句话说，《蓝丝绒》让我们记忆最深刻的就是它带给我们的感受。让观众和一个有窥视欲的主人公结成同盟，在这一点上，《蓝丝绒》不亚于希区柯克的《后窗》。共谋的观看行为是1970年代风行的电影理论的核心术语，但在这部电影里被抹上了一层神秘的阴影。有的时候，《蓝丝绒》似乎在为角色的无意识赋予一个形状——甚至对于观众也是如此。"你看到了什么？"桃乐丝呵斥道。"你他妈看着我。"几分钟后弗兰克吼叫道。在这些时候，你似乎秒懂，但又似乎只能靠猜，《蓝丝绒》这个电影仿佛是在直接对我们说话。

　　《蓝丝绒》一片奠定了大众想象中的林奇，而就在前不久，《沙丘》几乎断送了他的职业生涯。《沙丘》惨败，拍续集的可能性也不存在了，林奇决心做一部个人化的电影，一部完全从他自己脑中长出来的电影。他决定拍《蓝丝绒》，几年前在华纳兄弟旗下他就开始萌生这个想法了。迪诺·德·劳伦蒂斯答应制作这部片子，也允许林奇获得最终剪辑权，前提是他得接受预算要减少到六百万美元，导演酬劳也要缩水。"那时所有迪诺在制作的电影里，我们的预算是最低的，"埃尔姆斯回忆说，他担任该片摄影师，"但或许我们的自由度反而是最大的。"

剧本的定稿颇费一番工夫——按照林奇的说法，先前的版本"除了有电影里最糟糕的部分之外，就什么都没了"，他这么告诉罗德雷。他一边改剧本，一边反反复复听肖斯塔科维奇的《A大调第十五交响曲》，这本身就是一首暧昧不明的曲子，充满了戏剧化的对比，光明和黑暗的调子参差对照，你能听出纯真，也能听出颓废。林奇一开始计划把拍摄地选在美国西北部的家乡——主要来自于他对斯波坎和博伊西的记忆——但后来还是跋山涉水转移到了北卡罗来纳州的威明顿，德·劳伦蒂斯在那里建了一个新的制作基地。（此后林奇就在洛杉矶的公寓和弗吉尼亚夏洛茨维尔的乡下房子间两头跑，夏洛茨维尔就在威明顿以北几百英里，他妻子玛丽和儿子奥斯丁就住在那儿，离玛丽的哥哥杰克不远。）威明顿这个地方恰好既有绿树成荫的街道和栅栏围住的别墅，也有城市工业区里的灰色公寓楼。电影里有的路名标志和警察标记就来自于一个真实存在的叫兰伯顿的小镇，就在不到几百里开外的地方。

在男主角杰弗里的人选方面，他继续相中拍《沙丘》时发现的凯尔·麦克拉克伦，麦克拉克伦当时也需要重新调整自己职业生涯的方向。邻家女孩桑迪的人选，他选择了劳拉·邓恩，演员布鲁斯·邓恩和黛安娜·拉德的女儿，她当时只在彼得·博格丹诺维奇的《面具》一片中露过脸。《面具》是温情版的《象人》，讲的是一个头骨畸形的年轻男子的故事。当丹尼斯·霍珀拿到剧本时，他打电话给林奇，告诉他："弗兰克这个角色得给我演，因为我**就是**弗兰克。"林奇有点举棋不定，因为霍珀素以行为乖张和嗑药成瘾闻名，但林奇知道这是选角策略。"丹尼斯太像美国人了——扭曲病态，但每一个美国人都认识丹尼斯·霍珀，每一个美国人也认识弗兰克。"他那时说。在受伤的神秘女子桃乐丝·菲伦斯的演员方面，他想要一张异域风情的面孔，可能得选个外国人。林奇原本想让海伦·米伦演，但联系了一阵后对方还是退出了。在一位共同好友的引荐下，他在曼哈顿的一家饭店里遇见了罗西里尼。那时林奇还不知道她出身名门，也不知道她是超级名模，他却歪打正着地评论道："你大概是英格丽·褒曼的女儿。"他俩一拍即合，几天后他就把这个角色给了她。

继《橡皮头》之后，林奇第一次有了完全的创作自由。尽管这一次他没有自己亲手平地造出一个《蓝丝绒》的世界，但电影里那个最著名的场景确实是他一手打造的：桃乐丝的公寓，那是他们在摄影棚里唯一能搭起来的场景。

"那个公寓就像一个舞台,"埃尔姆斯回忆道,"大卫想象的是这样一个空间,某些事情发生在这个房间里某个特定的地方。"这一欲望的道场是严格按照摄像机和杰弗里的视线建造的,也考虑到了他和我们在某个时间里会看到什么或看不到什么。就跟林奇电影里的很多室内空间一样——从《橡皮头》中 X 一家那个压抑的客厅,到《双峰》里帕尔默那个不祥的住所,再到《内陆帝国》里巴洛克风格的大宅和郊区别墅——桃乐丝的公寓看上去像是装修过的,更不要说屋里的灯光和照片,都是精心设计过的,都是为了达到让日常的物件变得陌生这一超现实主义目的。在写于 1918 年的《论装饰》一文中,诗人路易·阿拉贡[1]承认电影有化腐朽为神奇的能力:"在屏幕上,刚才还是平淡无奇的家具、书本或衣帽间里的票据,瞬间就仿佛承载了危险或神秘的意义。"

与其他电影人相比,林奇更有意识地利用了电影这一神秘的力量。深河公寓楼里桃乐丝这间一室一厅的房间,里面状似阴茎的蛇形植物,无声逼视着你的电灯,立即给人一种莫名的焦虑感。埃尔姆斯回忆说,他经过很多次摄影机测试才找到对的涂料颜色。墙、地毯以及桃乐丝引诱杰弗里进行性虐仪式的那张沙发都是病态的褐红和淡紫,让人想到弗朗西斯·培根有些画里猛烈的紫色。那是一个

---

[1] 路易·阿拉贡(Louis Aragon, 1897—1982),法国诗人、作家、政治活动家。

可以将居住者整个吞没的空间，一个子宫般的堡垒。

继色调忧郁昏暗的《沙丘》，以及前两部黑白分明的电影，更不要说他那些单色画作之后，《蓝丝绒》标志着林奇第一次大量运用色彩来进行表现。埃尔姆斯告诉我，他觉得电影的开头是在向摄影师保罗·奥特布里奇[1]那些浓墨重彩情欲纷纷的作品致敬。为了让一头一尾更明晰——电影结尾的色调又回到那头那种非常明亮的色彩——余下的白天的室外戏都是在阴天或没有太阳光直射的时候拍摄的。但在《蓝丝绒》里，重头戏就发生夜色降临之后。夜里是桃乐丝最自然的栖居地，也是天使般的桑迪第一次出现的时候，她的金色光环点亮了漆黑的边框。这也是弗兰克煞有介事地进入桃乐丝的公寓，施展他的黑暗魔法的时候，他的出场改变了电影的色调和节奏，仿佛让这部电影变成一场睡梦中的恐怖事件，你无法从噩梦中醒来。埃尔姆斯选择色调更温和的胶卷，来捕捉夜色的浓重，而又不让它的质感溶解。正如林奇鼓励音效师阿兰·斯普奈特探索低频声效一样，他也竭力主张埃尔姆斯让画面完全沉入黑暗，去探索看得见和看不见的临界点。

1994年，斯普奈特去世，《蓝丝绒》也成了他和林奇合作的最后一部电影，这也是林奇和作曲家安琪洛·巴达拉曼提第一次合作。巴达拉曼提给林奇的作品加入了新的

---

[1] 保罗·奥特布里奇（Paul Outerbridge, 1896—1958），美国商业时尚摄影师，用现代主义风格改写了早期彩色摄影史。

声音维度，也让林奇对于音乐产生了深刻而持久的兴趣。一开始巴达拉曼提是被请来教罗西里尼表演《蓝丝绒》这首让人迷醉的歌的，结果后来包办了这个电影里华丽古朴的好莱坞管弦乐谱曲，此后他就成为林奇的核心搭档。有一幕是杰弗里和桑迪在一个派对上慢舞，林奇一开始想用尘世喧嚣乐队[1]翻唱蒂姆·巴克利[2]的那首《塞壬之歌》，但付不起版权费。解决方法是自己创作了一首充满彼岸世界气息的歌曲《爱之谜》，这是林奇在音乐创作领域的小试牛刀。他那让人眩晕的诗句（"有时一阵风吹过来／你和我／飘荡／在爱里／永远亲吻着／在黑暗中"）配上巴达拉曼提诡异的旋律，和女歌手朱莉·克鲁斯[3]气若游丝的低吟：这些元素的组合日后在《双峰》里再现。（十年后的《妖夜慌踪》里有一场高潮激情戏，背景音乐就是《塞壬之歌》。）如果说林奇主义是一个声音概念的话——假如它有一种标志性的声音，像脏滩[4]、拉娜·德雷[5]这样的当代音乐人就这么认为——这主要归功于巴达拉曼提。巴达拉曼提通过音乐达到的效果，和林奇在电影里的做法其实殊途同归：打破陈词滥调，在技巧里发现情感。

---

[1] 尘世喧嚣（This Mortal Coil），英国梦幻流行哥特摇滚乐队，活跃于 1983 到 1991 年。
[2] 蒂姆·巴克利（Tim Buckley，1948—1975），美国民谣歌手。
[3] 朱莉·克鲁斯（Julee Cruise，1956— ），美国女歌手，代表作为《双峰》主题曲《坠落》。
[4] 脏滩（Dirty Beaches），加拿大籍华人歌手张洪泰的单人摇滚项目。
[5] 拉娜·德雷（Lana Del Rey，1985— ），美国女歌手。

林奇不太喜欢《蓝丝绒》开篇那首鲍比·温顿的歌曲，但多年以后，这首歌在他的脑海中引发了排山倒海般的回响。正是在这儿，林奇第一次开始把流行歌曲放在电影里，因为它们直击人心，你一听到这首歌，埋藏在内心深处的渴望就会神奇地释放出来。就像许多同代美国人一样，林奇也对1956年猫王在电视节目《艾德·苏利文秀》里的现场表演记忆犹新，那首歌对他影响深远——尤其特别的是，他一开始只是从一个激动的朋友那里听到这首歌的："对我来说，这是一个更大的事件，因为我错过了那个表演。"《蓝丝绒》讲述了纯真不再的创伤，从此我们开始感受到林奇的电影讲的都是失落和缺席的故事。这一点在他日后的电影体现更为明显，多数故事都是围绕被遗忘的事件和消失的人们展开的，物是人非空留余痕。

林奇的电影很少在试映的时候获得成功，《蓝丝绒》甚至引发了他从影以来最糟糕的反映。有一张回应卡上写道："大卫·林奇应该被击毙。"德·劳伦蒂斯泰然处之，但负面反馈还是大大降低了她的预期，这倒反而可能对林奇是件好事。1986年9月19日，《蓝丝绒》在美国十五个城市上映那天，最有影响力的影评人都不吝溢美之词。詹姆斯·霍伯曼在《村声》[1]上发表文章称这是一部"看得人

---

[1] 村声（*Village Voice*），一份纽约本地的周报，由美国著名作家诺曼·梅勒创办于1955年。

毛骨悚然但又欣喜若狂的电影",还赞扬它"视角大胆,独辟蹊径"。戴夫·凯尔给《芝加哥论坛报》撰文,大赞:"没有一部片子可以与它相媲美,棒极了。"当然批评声音也不遑多让。罗杰·埃伯特在《芝加哥太阳时报》上的文章给这部电影打了一颗星,炮轰这部电影"讽刺手法是大学生水平的,镜头是廉价的"。雷克斯·里德在《纽约邮报》撰文称这是"有史以来最病态的电影"。不论支持抑或反对,这些评论都只代表个人好恶,这也很符合这部用霍伯曼的话说,无疑"打着创作者性心理烙印"的电影。埃伯特还公然谴责林奇比弗兰克·布斯这个心理病态的虐待倾向还要严重,让罗西里尼在银幕上承受百般羞辱。珍妮特·玛斯林在《纽约时报》发表的文章称这部电影一举奠定了林奇"作为创新者、超级技术大师的地位,在黑暗的走廊里最好不要遇上他这号人"。

《蓝丝绒》很快就成了一部邪典电影,一时间炸出了一堆评述文章,随着观众数量越来越多,反应也愈加两极化。保守主义刊物《国家评论》称之为色情片,是"一部脑残垃圾之作"。《基督教世纪》将它列为年度最佳,甚至援引圣保罗的《罗马书释义》赞扬这部电影对罪恶进行了严肃的探讨。纽约和洛杉矶的观众络绎不绝,排成长队争相观看。也有报道说大量观众退席,要求退票。《新闻周刊》上一篇题为"黑和蓝就是美?"的文章描述了电影院里骚乱的一幕。在芝加哥放映时,有位男观众当场昏倒。用了心脏起搏器之后,他回到座位上赶着看结尾。在洛杉矶一家电影院外,两个陌生人就这部电影展开了激烈的辩论,他们决定回去二刷一较高下。对丹尼斯·霍珀这个被好莱坞放逐复出不久的影坛怪才来说,《蓝丝绒》无疑标志着首战告捷。尽管弗兰克·布斯是他最具代表性的角色之一,他在同年拍摄了一部叫《篮坛怪杰》的体育片,扮演的小镇酒鬼一角为他赢得了当年的奥斯卡最佳男配角提名。目前为止,最冒险的要数罗西里尼了,看看反应就知道了。看了电影后,国际创新管理公司[1]的经纪人就放弃了她。她小时候在罗马上学时的修女们打电话来说她们在为她祈祷。(随着媒体风暴渐趋消隐,林奇和罗西里尼承认他们在一起。他和玛丽·菲斯克1987年离婚。)

"这是一个奇怪的世界。"兰伯顿的老百姓争相告诉彼此,而给人长久的印象是它的奇异程度不曾有丝毫衰减。《蓝丝绒》也是如此。上映时引起的轰动——许多评论把它列进年度最佳电影榜单——还让林奇第二次拿到了奥斯卡最佳导演的提名,尽管看似有点不可思议。他输给了奥利佛·斯通的《野战排》,该片还拿走了最佳影片。然而,当年提名奥斯卡的电影没有一部像《蓝丝绒》那样拥有持之以恒的影响力,甚至整整十年里都没有一部电影可以在这一点上与它相媲美。一般来说,一部新电影带来的冲击会

---

[1] 国际创新管理公司(International Creative Management),创立于1975年,好莱坞五大文化经纪公司之一。

随时间消退，但是《蓝丝绒》却没有发生这样的情况，或许是因为它永远给人一种难以捉摸的感觉。如果去看早期的评论的话，你会发现感觉都是靠不住的，当时几乎没有人知道该怎么谈论这部电影。几十年过去，再遭遇或重温这部片子，你会发现我们依然没有答案。

生硬的表演和对话让《蓝丝绒》从一个现实主义的空间变成了一个没有指示牌的空间，你在里面待得越久就越容易迷失方向。麦克拉克伦扮演的这个角色身上那种一本正经眼神明澈的性格在有些方面像是照着导演的模子画出来的——杰弗里穿衬衫也喜欢纽扣扣到最上面那一颗——他说话的声音也酷似林奇，尤其是激动兴奋的时候。"吸收知识和经验的机会有很多。""我正处于一个谜团之中。"再多的阐释都很难穷尽《蓝丝绒》，一个最鲜明的例子就是一场夜戏，杰弗里和桑迪坐在车里，对面是教堂，杰弗里痛苦地提出了关于生存之恶的问题，桑迪回答他的时候想象了一幅福音降临般的画面，知更鸟带来爱和光明。他们是认真的吗？林奇是认真的吗？有的记者问他，人物过度夸张的诚意是不是为了搞笑。"你会忍不住大笑，"他告诉《村声》，"现在为了显得酷，你不会大声说出那种话了。在某种程度上，它几乎比弗兰克把蓝丝绒塞到桃乐丝嘴里还要让人尴尬。"

罗杰·埃伯特的评论吹毛求疵地说这部电影两种尴尬很准确地结合到了一起：前一分钟让观众哄堂大笑，下一分钟就让角色和观众忍受下流野蛮。幽默的乱入被当成这部电影讽刺立场的证据，但也反过来预示了它有其颠覆性的意图或犬儒的超脱尘世。但在林奇主义的宇宙里，事情从来都不会如此整齐划一，在他的电影里，真诚和讽刺可以和谐共存，而不互相抵消彼此。就算有，那也是他的本能把两者结合在一起，一个套着另一个，把这些熟悉的类别整合到一起，直到创造出一种新的感情。1993 年，大卫·福斯特·华莱士出版《无尽的玩笑》前三年，他写了一篇文章谈电视对于小说创作毁灭性的影响以及"制度化的讽刺"的暴政，这一语言和视角已经变成我们今天默认的交流模式。或许并非刻意如此，但林奇已经通过《蓝丝绒》抵制这种模式了。这部电影之所以特别复杂，不是因为观众不懂讽刺，而是他们只能通过讽刺来观看和理解。

《蓝丝绒》是一个批评理论家做的梦，一出类别混淆的黑色喜剧。"哈罗，宝贝，"弗兰克扇了桃乐丝一巴掌后，桃乐丝这么迎合道，"我是**爸爸**，你个白痴。"几分钟内，他一会儿管她叫"妈咪"，一会儿呻吟着"宝宝想干你"。一切都摆在那里了，那还解读什么？作为一个典型的后现代文本，这个电影还往前多走了几步。它似乎是在呼唤一种新的理解叙事艺术的方式，这种新的方式与传统的认同机制或保护性的讽刺以及通过甄别象征、隐喻符号来寻求更深的意义没有多大关系。通常隐藏在潜文本的东西在这部电影里都升格到了文本的地位。当杰弗里说他"看到有的东西一直隐藏在那里"的时候,他其实也在说这部电影充斥着大量的符号,但任凭你怎么解码,这些符号岿然不动。《蓝丝绒》会让你觉得丧气,它已经把分析的工作都完成了,你用不着对着那一堆光鲜亮丽的表面抓耳挠腮了。

在之后的电影里,你会看到林奇刻意设置了更明显的时代错位,但《蓝丝绒》是他将时间玩得最游刃有余的一部,不同的时代和类型在这个片子里重合杂糅。最明显的,电影里的汽车、室内装潢、衣柜和人物发型,似乎都是从不同时代穿越过来的。杰弗里那条小领带和他那个不太容易发现的耳洞很有 1980 年代风,但桑迪和她的同学偏爱保守年代的长裙。除了这些明显的时代印记之外,在这个电影里面你还能看到一连串过去好莱坞类型片里的人物形象,略微反常地移植到当下的环境中。有的时候杰弗里就像黑色电影里那些容易上当受骗的浑小子,桃乐丝会让你想起那些专门勾引男人的狐狸精,而桑迪呢,她就像是从桑德拉·迪[1]的轿车里优雅地走下来的妙龄女郎。

明星总是带着自己的文化包袱。作为一度濒临疯癫的演技派代表,霍珀的一生几乎就是反文化的历史写照,就像影片《逍遥骑士》[2] 主题曲的名字一样,他不羁放纵爱

---

[1] 桑德拉·迪(Sandra Dee,1942—2005),美国女演员。
[2] 《逍遥骑士》(Easy Rider),丹尼斯·霍珀自导自演的电影,1969 年上映,被誉为公路电影的始祖。

自由。从《无因的反叛》[1] 里的问题少年到《现代启示录》里那个嚎叫的疯子，弗兰克是他之前所有这些暴怒疯狂的捣蛋分子的集大成者。从某些角度来看，你不可能无视罗西里尼和她母亲在外貌上的相似，尤其是她沙哑的嗓音就更像了。英格丽·褒曼在好莱坞红透半边天的时候，罗西里尼演的这些场景在当时是被禁止的，甚至连想都不敢想，尽管褒曼也在《煤气灯下》和《美人计》里演过类似受虐者的角色，但看到罗西里尼把这些场景演出来的时候，你会觉得电影里的性爱场面更平添了一丝鬼魅的俄狄浦斯情结。数不清的能指在电影里飘浮，让你想到国家的神话和创伤。桃乐丝这个名字显然来自《绿野仙踪》里的女主人公，对林奇来说，那是一个平行的宇宙，一个原始的文本。桃乐丝住在林肯大街（一个给人不祥之兆的特写镜头在这条街的路牌停留了一会儿）上，那一带是小镇里比较差的地方。弗兰克·布斯这个名字似乎也在影射那位谋杀第十六任总统的刺客[2]。

尽管存在这些错位的时代细节，《蓝丝绒》和美国的二十世纪中叶，或林奇所谓的"喜气洋洋的 1950 年代的乐观主义"之间还有一层特殊的关系。"从 1920 年代到 1958 年，又或许是 1963 年，那是我最喜欢的岁月。"林奇说。

---

[1] 《无因的反叛》(*Rebel Without a Cause*)，詹姆斯·迪恩主演，1955 年上映。
[2] 1865 年 4 月 14 日晚十时十五分，美国第十六任总统林肯在华盛顿福特剧院被枪杀，凶手是一个叫约翰·布斯的男演员。

他补充道:"对我来说,七十年代是最糟糕的!八十年代有我钟爱的东西——高科技产品,与五十年代遥相呼应的新浪潮。"林奇这种感受不是个例:对于 1950 年代的迷恋是 1980 年代特有的现象。《蓝丝绒》的前一年,罗伯特·泽米吉斯的《回到未来》上映,那是 1985 年的票房冠军,少年偶像迈克尔·J. 福克斯主演的角色就是除去黑暗一面的嫩版凯尔·麦克拉克伦,他乘坐时光机器穿越到三十年前。当时的时代思潮吸收了后现代的拼贴,以及波普艺术对于大众文化的再创造,尤其喜欢往后看,有时是对过去的戏谑玩笑,但多数时候是真的有厚古非今甚至渴望回到过去的倾向。彼得·博格丹诺维奇的《最后一场电影》(1971)和乔治·卢卡斯的《美国风情画》(1973)的背景都设置在山雨欲来风满楼前的田园时代,预示着一个怀旧的循环。到了 1980 年代,大多数美国名导都投入到了这一场怀旧的时代洪流之中。高中同学会是乔纳森·戴米《散弹露露》(1986)(弗雷德里克·杰姆逊称这部电影和《蓝丝绒》为典型的"怀旧电影")和弗朗西斯·福特·科波拉《佩姬苏要出嫁》(1986)里时空之旅的起点。《佩姬苏要出嫁》中,人到中年的女主角在参加中学同学会时突然晕倒,醒来后,发现自己回到了十七岁那年。史蒂文·斯皮尔伯格的科幻巨制《第三类接触》(1977)和《E. T. 外星人》(1982)融合了两类冷战年代的怀旧情结,一类是外星人幻想,另一类是诺曼·洛克威尔[1]的绘画。

战后那几年标志着美国人自我形象的分水岭。随着大众媒体和消费文化的崛起,这个国家对于自我观念的塑造和传播到了史无前例的程度。从 1980 年代的视角回头看,1950 年代既是一块文化磁石,又是一个回忆内存,拥有取之不竭可以循环利用的资源。这一怀旧热潮在一个电影明星出身的总统的加持下达到巅峰,里根向全国人民保证将回归过去时代的价值观,他自己就是那个时代大众娱乐的道成肉身。把《蓝丝绒》看成一个里根主义文本,在批判研究领域这已经变成了一个惯例。作为总统的里根就像一幅全息图景,他有时把好莱坞电影和真实的历史相混淆,他也有林奇主义的一面。里根在《金石盟》[2]里出演里一个具有突破性的角色,宝琳·凯尔在评论这部 1942 年的片子时,字里行间就像在描述《蓝丝绒》:"那种典型的怀旧视角把美国小镇的内里翻了出来:我们看到的不是甜蜜和健康,相反我们看到的是恐惧、道貌岸然、性虐待和精神失常。"《金石盟》的故事发生在一个徒有其表的小镇里,埋藏着不可告人的秘密,其中有一幕让人毛骨悚然,里根扮演的角色被一个怀恨在心的医生截了肢。醒来后,他说了一句让人寒毛直竖的俏皮话,这句话成了未来贵为总统

---

[1] 诺曼·洛克威尔(Norman Rockwell, 1894—1978),美国二十世纪早期的重要画家及插画家。
[2] 《金石盟》(*Kings Row*),1942 年上映的好莱坞爱情电影,罗纳德·里根担任男二号。

的里根 1965 出版的自传《我的其余部分在哪里》的标题，颇有点林奇主义的色彩。

《蓝丝绒》上映那年，让·鲍德里亚[1]发表了《美国》一书，托克维尔的社会学旅行记的后现代版。"美国既不是梦幻也不是现实，"鲍德里亚写道，"它之所以是一种超现实，原因在于它就是作为一个乌托邦来运作的，仿佛它已经实现了乌托邦。"他说："只有在这个国家，你才有机会这么天真无邪。"乍看起来，里根执政和《蓝丝绒》（开头几乎就定义了什么是超现实主义美学）或许告诉我们的是类似的美国故事。里根时代的怀旧情结里有一种非常强大的意识形态偏见，它的前提就是假装 1960 年代从未存在过。有的人总结说《蓝丝绒》的政治观也是一样反动。但这部电影并没有那么沉湎于怀旧情绪，以至于露骨地给人似曾相识的不寒而栗感。与回到过去齐头并进的是被压抑之物的回返。

林奇用"邻里故事"这个说法来描述他某几部电影，包括《橡皮头》和《蓝丝绒》，甚至还有他计划要拍的《沙丘》续集，后续的故事将发生在一个更与世隔绝的世界里。里根提到邻里之间这个带有很浓感情色彩的概念。他怀念在伊利诺伊的小镇里长大的时光，在那儿"每一天你都看到邻里间互相帮助"。在他想象出来的关于美国的图画书

---

[1] 让·鲍德里亚（Jean Baudrillard, 1929—2007），法国后现代思想家，代表作《物体系》《消费社会》等。

里，像爱国主义这样的健康观念就像空气一样无处不在："如果你没有从家庭里得到这些东西，你可以从邻居乡亲那里得到它们。"在那个著名的"邪恶帝国"的演讲里，里根引用了《圣经》里的训诫"爱邻舍如同自己"。《蓝丝绒》中，桃乐丝介绍杰弗里给弗兰克的时候说"一个住在附近的朋友"。接下来，弗兰克都称他为"邻居"，每次脱口而出这个词的时候，就更显得荒谬邪恶。在那场漫长的兜风的戏里，高潮是弗兰克用口红涂花了杰弗里的脸，警告他离桃乐丝远一点，期间还给爱邻居意味着什么这件事平添了一丝恐怖色彩："别跟她做邻居。因为我会把情书寄给你。我不会留情……你收到我的情书就死定了。"邻里之间在《蓝丝绒》里是一个不断变化的环境，一个相对的空间。杰弗里在"附近一带后面的"一片荒地上发现一只耳朵。当桑迪告诉杰弗里桃乐丝住在哪里时，她说："那是让人觉得害怕的地方，这么近。"这个附近的故事的意义就在于不管杰弗里害怕的东西离他有"多近"，可能那个东西已经在他内心之中了。

像《蓝丝绒》一样，里根也坚信"这个世界存在罪与邪恶"，在那个时代，美国主流社会的普遍世俗化为政治上拥有强大力量的宗教右翼势力的崛起铺平了道路。影评人尼古拉斯·罗姆贝斯在对《蓝丝绒》进行文本细读时提到，里根那篇"邪恶帝国"的演讲——是不是也曾打动过林奇？——甚至表达了和这部电影相似的关切。"我们知道，生活在这世界上就意味着要与哲学家所谓的邪恶,"里根说道,"或神学家所称的罪性作斗争。"杰弗里的语言更浅白:"为什么世上会有弗兰克这样的人,为什么世上有这么多麻烦?"在描述道德力量时,林奇的用语往往比较绝对化,他经常被认为像里根那样秉持摩尼教的世界观。这很符合对于《蓝丝绒》的标准描述,即它是一种揭露,是一部剥开金玉其外揭露败絮其中的电影,就像摄影机从草地上移过,发现地下的甲壳虫。但这也大大简化了这部电影的道德企图,就像许多林奇电影一样,它的生命力来自于一组组二项对立——或更确切地说,来自对立面之间不断转化的空隙,它可大可小,甚至可以没有预兆地消失。"我没疯,我能明辨是非。"桃乐丝告诉杰弗里,听上去真的像疯了一样。林奇说过:"对比是有效的。"他电影里那些鲜明的二项式——美好与邪恶,黑暗与光明,纯真与事故,现实与幻想——并不是截然对立的,而是不断融合同流合污,直到让你分不清方向,就像那个映在大厅镜子里的反射效果一样。

《蓝丝绒》本可以转向更黑暗的结局。有一场最后没有剪进去的戏里,穿着一身蓝丝绒浴袍的桃乐丝把杰弗里引到屋顶。她脱下红鞋子——很显然这与《绿野仙踪》形成互文——然后从楼上丢下去。她威胁要跳下去,斜靠在窗台边缘,这个让人心惊肉跳的时刻过去后,杰弗里把她从死亡边缘拉了回来。在成片里,桃乐丝的死亡冲动被抹去了：我们听到弗兰克命令她"好好活着"，在救护车上被送走时她尖叫着："我在坠落。"《蓝丝绒》以秩序的恢复结束——弗兰克死了，桃乐丝和她儿子团圆了，杰弗里和桑迪在一起——结尾部分给人感觉就像开头一样明媚。画家大卫·萨利[1]称电影人道格拉斯·塞克[2]为"第一位超现实艺术家"，他在1950年代的苦情电影里，用绚丽的色彩展现了什么叫"不快乐的快乐结局"。在制作公司的要求下，塞克的结尾呈现了最大限度的不和谐，常常会让你注意到明目张胆的炫技。

几乎每一篇评论在提到《蓝丝绒》出现在片尾的那只知更鸟的时候，都会说那明显就是一只假的鸟——事实证明，他们都错了。这只知更鸟的故事如此诡异，因此跟这部电影也算相得益彰。林奇想要一只真的鸟，但埃尔姆斯记得，抓动物的人拿过来的鸟是不合要求的："他们带给我们的知更鸟在褪毛，看上去破破烂烂的。它看上去都不像知更鸟。"后来制作团队听说威明顿一辆满载小学生的校车上刚打下了一只知更鸟，司机决定拿去给学校的自然科学部做动物标本（《双峰：与火同行》有一幕莫名其妙，一群孩子在校车上哭，是不是就是这么来的？）这只知更鸟实际上不是什么机械鸟，而是刚从返程校车上取下来正要做动

---

[1] 大卫·萨利（David Salle, 1952— ）1980年代以来重要的美国新表现主义画家之一。
[2] 道格拉斯·塞克（Douglas Sirk, 1897—1987），德国电影导演，擅长拍摄家庭剧、肥皂剧。

物标本的。林奇把一个虫子粘到鸟嘴上,然后用一根画外的线绑着它,让它动起来。

在解释玩偶和蜡像为什么让人毛骨悚然的时候,弗洛伊德描述说这里的神秘之处在于它打乱了生和死的界限。(就在前几场戏里,有一幕很可怕,在桃乐丝的公寓里,一身黄色套装的戈登探员笔直站着,像死了又像还活着,脑袋上被打穿了一个洞,但最后居然还抽搐了一下。)埃尔姆斯回忆道,在摄影机后面的时候,他告诉过林奇,他要用来拍戏的那只鸟看上去太像一只玩具鸟:"他会说:'耶,那很棒啊。你会爱上它的!'显然这就是他对那只知更鸟的想象。"

8　欢迎来到双峰镇

双峰镇，我们美梦和噩梦中的美国小城，那个通往异次元世界的入口，在成为备受世人瞩目的犯罪现场之前，不过是地图上一个微不足道的地名：寥寥几笔就可以勾勒出想象中的华盛顿州这个东北角落的地形。("加拿大边境线南端五英里，州界线以西十二英里。"联邦调查局的探员戴尔·库柏第一次开车驶进这个小镇时，对着卡带式录音机记录下位置。)地图上标明了两座白雪皑皑的山峰，分别是白尾山和蓝松山，这个小镇的名字就是这么来的（但电视剧里从来没提到过这两座山的名字）。两山之间纵贯南北的是 21 号国道，也叫"幸运高速公路"，路口竖立着**"欢迎来到双峰镇"**的指示牌迎来送往。双车道高速公路的两边是"住宅区"和"下城区"组成的街道网络，或许从中我们能发现剧中标志性的警局，双峰镇高中，霍恩百货商店，香水柜台的女孩们正被征召去边境线以北的妓院卖身，还有那个双 R 餐厅，在那你能吃到举世无双的樱桃馅饼和"味道绝佳的咖啡"，在那家公路旁沐浴在月光下的小酒馆里,你会看到有一个歌女正在唱一支忧伤的歌。

即便在这张粗略的地图上,这个小镇看上去也像是与世隔绝的。"在我的想象里,这个地方是被树林包围的,"在那本林奇访谈录里,林奇告诉克里斯·罗德雷,"那很重要。任何人都不会忘记,森林一直是很神秘的地方。所以它们在我脑中就是一个人物。"双峰镇是一个位处森林边缘的城市,文明与自然相毗邻:一个典型的林奇主义地点。林奇视野里的森林既有一丝诗意,又带有迷信的色彩,让人想到黑森林——迷失游荡在那一片幽暗的森林里——但丁《神曲·地狱篇》开篇的那个意象,还有格林兄弟笔下的树林,那个地方被施以魔法,预示灾祸和变故的降临。更重要的是,林奇主义的森林根植于美国文化中的荒野观念。在《荒野与美国思想》(1967)一书中,历史学家罗德里克·弗雷泽·纳什[1]写道,移居新大陆的人对于荒野有一种直觉的理解,认为它们"外在于人类",这一观念来自于《圣经》,书中说荒野是受诅咒的与天堂相反的地方:人间炼狱。

按照清教牧师萨缪尔·丹福斯的说法,"进入荒野的使命"促使十七世纪的新英格兰人进入那一片未知领地,他们既害怕它,又想要将其驯服,同样害怕和要驯服的还

---

[1] 罗德里克·弗雷泽·纳什(Roderick Frazier Nash, 1939—),美国历史学家,美国环境教育与环境史学科开创者之一。

有当地的土著居民。那一次西征把这一片广袤的荒原变成定居地和农田，在浪漫主义和超验主义潜移默化（亨利·梭罗不是唯一的功臣）的教化之下，最终这里不再那么恶劣凶险。十九世纪晚期，随着城市化进程蓬勃开展，出现了一种与此前截然相反的观点：荒野变得神圣，需要保护免受人类破坏，而人类变成外来的入侵者。1905年，美国森林管理局成立，作为农业部的下属机构，监管国家的公共森林和草地资源。大卫的父亲唐纳德·林奇就是战后森林局迅速发展的过程中加入进来的大学毕业生之一。1947年，国会通过了《森林病虫害防治法》，规定联邦对各州林业机构给予技术和经济支持，以控制林区病虫害的爆发与蔓延，防治病虫害就是唐纳德的专业。为了满足日益膨胀的建设需求，国家森林资源变成木材供应的大户，森林局也把注意力投向资源生产（至少在1960年代环境保护运动兴起之前）。1950年代，当地的《斯波坎每日纪事报》登过好几篇关于病虫害和伐木的文章，引述了黄松研究专家唐纳德的说法。黄松是华盛顿州东部的主要树种，也是蒙大拿州的州树。唐纳德的博士论文完成于1958年，研究的是影响喀斯喀特山脉和落基山脉之间的植被生长的影响因素，论文标题是"库存对于实地测量的影响以及内陆帝国的黄松二次生长的产出"——这个标题也预示了半个世纪后他儿子拍的电影的名字。

《双峰》的故事就发生在大山深处的浪漫怀抱中，尽管它一直散发着一种对于原始森林的恐惧。林奇手绘的双峰地图显示，附近还有几座更小的山峰——斯帕克伍德山和野云雀山——以及东边的格斯特伍德国家森林。这些古老的丛林就是小镇老百姓阴影自我[1]粉墨登场的舞台，夜幕之下，青年人在约会，贩毒者在交易，神秘仪式在进行。那一带的森林也是黄鼬等濒危物种的栖居地，《双峰》最不受人待见的情节就是由黄鼬引起的。那儿还有一种珍稀动物叫大角猫头鹰，在整个电视剧里，猫头鹰都是一个洞悉一切但又意义不明的存在。"猫头鹰，"我们一直听到，"不是它们看上去那样的。"《双峰》风靡全国的时候，正值环保主义派和伐木派打得不可开交，栖居于太平洋西北部原始森林里的北方斑点猫头鹰是这场大战中的政治筹码。电视剧正在热播时，美国野生动植物部门的官员正式宣布斑点猫头鹰是濒危物种。

在格斯特伍德森林的深处有一个猫头鹰洞，双峰镇的警察在那发现了北美土著居民的象形文字，揭开了通往传说中的神秘地点黑色小屋的通道。在林奇的地图上还能清楚看到好几个小湖，双峰东北面有一个叫珍珠湖，有的居民在那儿建了度假旅馆，还有一个大湖叫黑色湖，就在美

---

[1] 阴影自我（shadow self），由心理学家卡尔·荣格提出。他的理论以"集体无意识"为基础，也就是每个人都有的特质，阴影自我就是其一，是我们精神中的一种动物本能。我们不自觉地隐藏这一面，与我们的人格面具（我们想要向他人展示的一面）刚好相对。同时，阴影自我是与我们的求生本能相关联的，当我们的安全受到威胁时，它就会出现。

国加拿大边境的正北面。当地最大的工业设施帕卡德锯木厂坐落在黑色湖的美国境内，离国有的全木打造的北方大饭店不远，从那儿能看到白尾瀑布的壮观景色。《双峰》片头字幕的背景里就是下面几个地方：有着一个大烟囱和冒着火星的环形锯的锯木厂。水流汹涌的白色瀑布。在铺满卵石的湖岸，工业与自然共存，美丽与暴力交织，《双峰》这一场大戏的大幕就在这里缓缓拉开，一个早晨，十七岁妙龄少女劳拉·帕尔默的尸体被发现，浑身浸透裹在塑料袋里。

一具尸体被冲到岸边：这是林奇和《双峰》另一位幕后英雄马克·弗罗斯特设计的第一个画面，但在开启破案之旅之前，他们绘制了一张地图。那个时候大部分电视剧都有一个通病，就是你看不出是在哪里拍的。而《双峰》则会让你产生一种非常强烈的感觉，你知道拍摄地是在哪里。尽管试播的第一集是在华盛顿拍的，具体是在斯诺夸尔米镇和北本德镇周边，剩下的剧集主要是在洛杉矶的拍摄基地和南加利福尼亚的户外拍的（有时跟当地不搭的树木也会穿帮乱入）。尽管如此，由于一个老掉牙的电视传统，这个电视剧还是保留着独特的地方色彩：反反复复出现同一个标志性地点（餐馆、旅馆、警察局）和风景（瀑布、常绿植物）的镜头。

《双峰》被粉丝们狂热追捧，让他们进入它的世界。直至今日，死忠粉们还会去北本德的特维德咖啡馆朝圣，这个咖啡馆的前身就是双 R 餐厅，他们还会去赛丽诗旅馆，下面就是斯诺夸尔米瀑布，北方大饭店的外景。最狂热的粉丝还在线上朝圣，研究地图和照片，来确定拍摄场地（精确到搞清楚剧中"欢迎来到双峰镇"那块牌子在哪个拐弯口），还会留意取景地——像帕尔默的住所，就是华盛顿州埃弗雷特的海滨小镇里那栋四间卧室的荷兰殖民建筑——什么时候出现在了房地产上市列表上。尽管双峰的魅力部分来自于那种温情脉脉的熟悉感，来自于美国任何一个小镇随处可见的日常生活乐趣，也来自于视觉上的线索和细节——晨雾、南洋杉、夹克衫和小木屋——但这个电视剧无疑沉浸在林奇童年待过的美国西北部的氛围里。他在斯波坎度过了两岁到八岁的时光，双峰离那儿大约一百来英里。（《蓝丝绒》里的兰伯顿一开始是计划在这附近拍的，但迪诺·德·劳伦蒂斯要求在威明顿的大制片厂里拍摄。）

你很容易认为林奇就是《双峰》的主要缔造者——毕竟，正是这一文化事件才让林奇主义这个概念进入主流大众的意识。但马克·弗罗斯特的贡献也不容低估。弗罗斯特是广受好评的《山街蓝调》[1] 的编剧之一，这部 1980 年

---

[1] 《山街蓝调》（*Hill Street Blues*），1981 播出的美国电视剧，描述了一群以芝加哥为原型的美国某内陆城市忘我工作的警员们的生活，有"现代电视剧艺术形式鼻祖"之称。

代的警匪剧首创了日后被广为应用的编剧技巧,如每集开发若干故事线,一些当集解开,另一些延续整季,当时情景喜剧独霸黄金时段,而连续讲故事的手法只有日间肥皂剧和自嘲式的惊险剧才会用。林奇和弗罗斯特在创新演艺经纪公司[1]的经纪人的介绍下认识,当时他们有意合作,拍一部叫《女神》的电影,剧本是弗罗斯特根据玛丽莲·梦露的传记改编的。尽管对传记片这一类型片心存戒备,林奇还是被梦露的故事吸引住了。(他对于那些问题女性的兴趣后来就变成了迷恋,最明显的莫过于先前《蓝丝绒》里的桃乐丝。)林奇和弗罗斯特还联合撰写了一个喜剧剧本《一个唾沫泡》,一个荒诞故事,讲的是一个头号军事计划出了纰漏,搞得堪萨斯某个小镇里的居民们人心惶惶,互相猜忌,一开始联系了史蒂夫·马丁和马丁·肖特担当主演。但《女神》和《一个唾沫泡》都夭折了,因为德·劳伦蒂斯当时资金紧张,林奇心仪已久的计划《罗尼火箭》也不了了之。

托尼·克兰茨当时在创新演艺公司做经纪人,他劝林奇和弗罗斯特拍电视剧。他们想把一部叫《列姆利亚》的电视剧卖给美国全国广播公司,讲的是有一片大陆像亚特兰蒂斯一样神秘消失,联邦调查局探员与大陆上的居民大战的故事,但电视台只想拍成电视电影。克兰茨转变思路,

---

[1] 创新经纪公司(Creative Artist Agency),1975年成立于洛杉矶,是好莱坞三大经纪公司之一。

他脑子里想着《蓝丝绒》，就建议他俩弄一部没那么怪诞的片子，场景就设置在一个小镇上。弗罗斯特设想的是"一个狄更斯式的故事，在一个有限的空间里面，展现人生百态"，他告诉《娱乐周刊》。但弗朗茨是言情小说家朱迪丝·克兰茨的儿子，他的想法更低俗：他推荐林奇和弗罗斯特去看一部1957年上映的电影《冷暖人间》，讲的是在一个虚构的新罕布什尔州小镇里的性和丑闻，改编自格雷斯·麦泰莉[1]臭名昭著的同名小说，这部电影也开启了1960年代黄金时段肥皂剧的先河。

在拍出了离经叛道的《蓝丝绒》之后，再去拍电视剧似乎多少有点奇怪。对于一个特别看重全权控制的艺术家来说，无疑会反感电视剧那种繁文缛节的做法。林奇一直不讳言电视这一媒介的缺陷：低劣的画质和音质，商业广告粗暴植入，这一切都不利于你沉浸在故事里。（"太荒谬了，你正在上演大型交响曲的时候，每过一会儿，就有四个人突然进来叮当响，卖东西。"试播带播出前他向《滚石》杂志这么抱怨道。）他也从来不是什么电视迷。林奇一家是博伊西最后一批买电视机的人家，童年时他只看过寥寥几部电视剧，有一部是《梅森探案集》。在费城时有一段时间，在打印店同事桃乐丝·麦金尼斯的怂恿下，他迷上

---

[1] 格雷斯·麦泰莉（Grace Metalious, 1924—1964），美国女作家，代表作《冷暖人间》，这本小说也被称为另类的女性主义读本。

了肥皂剧，桃乐丝向他推荐了《夜的边缘》[1]和《另一个世界》[2]这两部长篇电视剧，标题都带有浓重的林奇主义色彩。但在拍《双峰》那阵，林奇唯一感兴趣或经常看的电视节目是公共广播公司的家居节目《这个老房子》。

尽管如此，电视还是有一些他难以抵挡的优势。在经历了《沙丘》的惨败之后，黄金时段的电视剧意味着另一个机会，让他检验一下他与主流相对的敏感度灵不灵光，看看他是否能在一个保守形式的束缚下幸存下来，或避开这种束缚。对于1950年代长大的孩子来说，电视这一媒介对于美国人自我观念的塑造更甚于电影。在接受法国人采访时，林奇说他喜欢电视观众很容易进入情境这一点："人们在自己的家里，没有打扰他们。他们很容易就能进入一个梦里。"尽管当时关于电视机的负面刻板印象还很盛行，觉得它会麻痹被动接受的观众，但这不过证明了电视的罪恶力量，它能在观众生活的地方击中他们（在家里，那是一个"会出问题的地方"）。电视剧这一形式也使得林奇可以试验沉浸式的讲故事的方式——用他那几乎带点孩子气的话来说，就是和一个故事生活在一起，让它尽可能保持足够久的生命力。拍《橡皮头》的时候他也是这么干

---

[1] 《夜的边缘》(*The Edge of Night*)，美国侦探推理剧，始播于1956年，总共拍摄了七千四百二十集。
[2] 《另一个世界》(*Another World*)，美国肥皂剧，始播于1964年，总共拍摄了八千八百九十一集。

的——他把自己藏在亨利的头颅里,好几年都沉浸在自己的世界里——拍《内陆帝国》的时候还是如此,断断续续地为一个故事赋予形式,即便他还没完全想清楚这个故事要怎么开始,怎么结束。拍《双峰》的时候,林奇和弗罗斯特几乎可以实时一步步揭开故事谜底,就在他们解开谜团的过程中,也把观众带到一个未知的地方。

要理解《双峰》带来的地震效应,就得先对当时的美国电视生态有所了解。在1980年代,电视界还是一个更小更安全的地方。"赶秀人"[1]成为习以为常的流行文化领域的行话,热播剧集和幕后创作者联系起来,这都是至少十年后才出现的事情:《黑道家族》是大卫·切斯的作品,《吸血鬼猎人巴菲》是乔斯·韦登的作品,《火线》是大卫·西蒙的作品。但除了偶尔有几个导演的名字大家还有点印象以外(像《山街蓝调》的编剧是史蒂文·布奇科),对一般观众来说,电视这一媒介是没有作者这一概念的,或者充其量也只是作家的媒介。当然也有例外——五六十年代《希区柯克悬念故事集》热播时,希胖自己就是一个品牌,他是主持人,偶尔也充当导演。还有像迈克尔·曼八十年代的剧集《迈阿密风云》,这部电视剧第一次把衍生自音乐电视网的表现主义手法应用到了警察办案的过程

---

[1] 赶秀人(showrunner),美国电视业术语,指那些每天负责日常电视连续剧运作的人,是美剧生产链里权力最高者,对剧集全权负责。

中——但电影导演几乎从来不涉足这一相对低端的艺术形式。

当时也是美国电视业充满变数的时代,三大商业广播电视公司(美国广播公司、哥伦比亚广播公司、美国全国广播公司)垄断电视业十年之后,有线电视网络和家庭录像的崛起给三大公司的寡头地位带来了挑战。在三大公司里,美国广播公司排行最末,最愿意——或者说迫不及待——冒险碰运气。不管大众买不买账,媒体一定会对林奇和弗罗斯特强强联手的新戏感兴趣,一个两次入围奥斯卡,因《蓝丝绒》成为影评人的新宠,另一个也入围过艾美奖,广受好评。在竞标时,林奇和弗罗斯特都还没明确指出凶手是谁,甚至他俩自己都还不清楚。相反,他们强调的是那个地方的感觉和氛围,解释说凶杀谜团会慢慢削弱,其他角色和故事线会加强。试播样片是在 1989 年 2 月到 3 月(也是电视剧里剧情发生的时间段)拍的,耗时二十三天,在西雅图郊外和华盛顿中部拍摄,预算只有四百万美元。美国广播公司允诺再拍七集:连一季一半的量都不到。不论执行层中不中意,从样片的情况来看,这个剧对他们来说太怪了,怪到他们都不知道该怎样进行创意监督:这个戏"对他们的经验来说太陌生了,他们都没法告诉我们怎么做会更好,或另外可以怎么弄",弗罗斯特告诉《滚石》杂志。

1989 年末,大热的鼓声开始打响。第一篇关于《双峰》的文章出现在《鉴赏家》杂志 9 月那期上，标题是"彻底改变电视的一部剧"。距离首播尚有数月，但《纽约时报杂志》（关于林奇的文章"观察美国的黑暗视角"）和《洛杉矶时报》（标题问道："电视界准备好迎接大卫·林奇了吗？"）的专题文章就纷至沓来。这些文章里有一部分质疑了美国广播公司的轻率善变，一开始把试播定档在 1989 年秋天，后来又挪到 1990 年初，最后又定在 4 月首播。《双峰》最后变成了一部短命剧，从首播到结局只用了十四个月。但你很难低估 1990 年 4 月 8 日第一集这两个小时带来的影响，辐射美国观众达三千五百万，占到全国电视观众的三分之一。从来没有以后也不会再有一部电视剧同时让这么多观众思考同一个林奇主义式的问题：我们到底该怎么看待这部剧呢？

就像大部分凶杀疑案一样，《双峰》也以一具尸体开场。橡皮头杰克·南斯扮演的伐木场工头彼得·马特尔发现了这可怕的一幕：一捆人体大小的东西出现在岸边一个巨大的木头旁边，一边露出一头湿漉漉的金发。即便在这开场的几分钟里，这种对于细节和氛围的强调也不同寻常。我们看到的第一个人是一个中国女人——锯木厂老板的遗孀娇西·帕卡德（陈冲饰），她继承了帕卡德锯木厂——正对着镜子端详自己，轻声哼唱，仿佛正在应和萦绕耳畔的主题音乐。随着彼得渐渐走入暗处，西北早晨的灯光转暗，我们听到了鸟鸣声，火车经过的嘶鸣，还有雾角声（彼得恍若梦中对自己咕哝道:"寂寞的雾角声吹响了。")。在我们弄清楚尸体的身份之前,林奇和弗罗斯特已经换了画风。彼得急冲冲地报了警,女接线员没头没脑说了一长串,告诉他要把电话转接给某某。警长下令专人到场拍摄验尸照片,他开始难以自控地哽咽——那不过是即将排山倒海而来的泪海里传来的第一声悲啼。

第一集前半个小时里,其他关键人物也陆续登场,他们得知了劳拉的死讯。由于事先就知道了劳拉的命运,这些场景对我们来说,就有一种病态的魅力。但众人随之而来的悲伤反应也告诉我们,她对于其他人来说意味着什么,他们的反应让《双峰》变成了一个鬼故事。劳拉的母亲莎拉(格蕾丝·扎布里斯基饰)一脸阴沉严肃地在厨房柜台前抽烟,叫女儿下楼吃早饭。这一集是林奇执导的,他以轻描淡写的笔触拍出了这个让人不寒而栗的时刻——莎拉猛地意识到劳拉不见了,她跑上楼,从一个低角度,我们看到她打开了楼上卧室和洗澡间的门。光亮透进灰暗的楼梯,静止不动的摄像机只是定格在一个转动着的吊扇上,这个让人感到恐慌的林奇主义式物体最后会产生让人震惊的叙事效果。莎拉打电话给她丈夫里兰(雷·怀斯饰),他正在北方大饭店努力和一个挪威商人代表团(这些商人的乱入给随后的悲剧进程带来了一丝荒诞的喜剧效果)敲定一桩生意。就在里兰告诉莎拉放宽心的时候,警长来了,里兰当即就知道这是怎么一回事,瞬间呆住了,话筒掉了下来。

只有林奇会在发现如此痛苦的真相时,把镜头切到电话机的特写。电话机在林奇的电影里是一个反复出现的道具,冷冰冰又让人不寒而栗。也只有林奇会在情绪崩溃的场景里,注入这么怪异的气息。他的摄像机沿着吊着的电话线往下移,定格在地板上的听筒上,下一个镜头里,电话另一端莎拉泣不成声,那凄厉的哀号仿佛要把玻璃震碎。消息传到劳拉的高中,摄像机停在劳拉的椅子上,我们目睹了又一轮伤痛的情景。一切都还没告知之前,劳拉的闺蜜唐娜就直觉意识到发生了什么事情,她突然大哭起来。而劳拉的秘密男友詹姆斯颤抖着双唇,紧紧握住铅笔,铅笔被他折断了。校长全程哽咽,几乎没法流畅地向全校师生宣布劳拉的死讯。广告回来之后,我们看到莎拉·帕尔默还在号啕大哭。

掉眼泪一直是看电影的一大乐趣:在黑漆漆的电影院里,哭泣这种一向被认为是私底下才会做的事也可以在半公开的环境下堂而皇之了。许多不同类型的电影——不仅仅是伤感的电影或催人泪下的电影,用两个贬义词来说——都是故意赚人眼泪的。林奇自己就是个爱哭鬼。"有时我坐在剪辑室里,就会掉下泪来。"他告诉罗德雷。在拍《史崔特先生的故事》这部他最温情传统的电影的时候,他看着监视器,眼泪就从脸颊上流了下来。一听到奥提斯·

雷丁[1]的《我爱你太久》或哈利·戴恩·斯坦通[2]版的《每个人都在说话》音乐响起,他就会"忍不住哭泣"。从《橡皮头》里那个怪胎婴儿的尖声哀号开始,林奇每部电影里都有人物哭泣。在他之后的电影里,哭泣被抹上了一层巴洛克式的色彩:在《穆赫兰道》里,寂静俱乐部里《安静》歌声回荡的时候有哭戏,《内陆帝国》里,一个哭泣的女人洞察着一切。但没有一部电影里的人物像《双峰》里那样哭得如此肆意,尤其是劳拉的父母,莎拉一直在哀泣,里兰则慢慢表现出一种更复杂更压抑的痛苦。他会突然缓慢地跳起吉特巴舞,双手抱住头,让北方大饭店里搞不清状况的宾客只好模仿他的手势尬舞。在劳拉的葬礼上,棺材放下去的时候突然出了状况,他猛地倒在了棺材盖上,随着棺材上下起伏,场面一度非常难堪。

作客《唐纳休访谈》[3]时,马克·弗罗斯特解释了为什么要以如此浓墨重彩的方式去拍哀悼的场面。"真正的哀痛是不会在下一个广告插入之前匆匆开始草草收尾的,"他说,"暴力犯罪和惨烈死亡造成的后遗症是旷日持久的,但大部分电视剧从来不去处理这一问题。"但他的意思并不是说《双峰》刻意追求现实主义的效果。实际上,对于当代

---

[1] 奥提斯·雷丁(Otis Redding, 1941—),著名黑人灵魂歌手。
[2] 哈利·戴恩·斯坦通(Harry Dean Stanton, 1926—2017),著名美国男演员、音乐人。
[3] 《唐纳休访谈》(The Phil Donahue Show),美国电视脱口秀节目,始播于1970年。

观众来说,他们会觉得只有默片时代和过去好莱坞电影里的明星才会这么放肆哭泣,因此《双峰》里流这么多眼泪反而显得不那么真实。"就像打哈欠:把这口气送出去。"在解释作品里所有这些掉眼泪的桥段时,林奇如是说。但让戏中人物掉眼泪并不总是为了博取观众的眼泪。《双峰》的观众在看到这涕泗滂沱时,不太会流下同情的泪水,反而会觉得为难甚或感到困惑不解。就像林奇作品里的很多其他元素一样,眼泪在他的作品里起到的效果是矛盾的。它们为了让你袒露心扉,也不是为了让观众和角色同呼吸共命运,而更多起到的是陌生化的效果——提醒我们所处的位置是一个窥视者,用泪水之滂沱和持续时间之绵长让我们紧张不安,然后先发制人地取代我们自己的泪水。

2011年接受《波士顿凤凰报》采访时,格蕾丝·扎布里斯基(之后她还会在林奇的电影《我心狂野》《内陆帝国》里扮演类似的高难度角色)回忆她和观众一起观看试播样片的情景:"观众在哭——他们伴着莎拉的伤痛一起哭泣——但也有人在大笑,因为我稍微用力过猛了。他们看出来了。他们在笑,但其他人,他们不明白,就很恼火,怎么会有人看到这么难过的情节还笑得出来?……我最喜欢干的事情就是一边让人哭,一边让人笑,所以有这样的角色给我,我觉得很难得。"

《双峰》里的哭泣就其阵势和广度来看,几乎可以与交响乐相媲美,你会想到尼采那句话:"我分不清眼泪和音乐的区别。"如果说林奇擅长表现悲伤的美感的话,他同时也不避讳去表现哭泣的丑陋。经常在林奇的电影里没完没了洒泪的演员们——扎布里斯基、雪莉·李、劳拉·邓恩——都很敬业地用尖厉响亮的声音哭泣,还得做出一连串抽搐扭曲的表情。对林奇这个一向着迷于身体的人来说,哭泣这种生理的表达和过程本身就很让人着迷。难怪林奇会觉得眼泪如此有力如此动人。流泪往往能取代言说。身体语言才是最有力的,说话是不够的。

就跟所有肥皂剧里的小镇一样,双峰镇里几乎每个人都藏着秘密或过着双重生活。大饭店的老板跟锯木厂已故老板的姐姐私通,而且正伺机从女继承人接手锯木厂。而木厂老板遗孀也和警长有一段地下恋情。餐厅女老板正给她那个进监狱的暴力丈夫戴绿帽,和她高中时代的心上人也就是镇上的修理工搞在一起,而她的女招待下属对她那个有家暴倾向的老公不忠,和劳拉·帕尔默的前男友成了一对。怪人的戏份也很精彩:独眼的娜丁醉心于发明无声的窗帘拉钩;那个怪里怪气的精神分析师雅各布博士眼镜是双色的,办公室里全是夏威夷风格的装饰;还有那个原木女士,声称她能从怀里抱着的一根木头(自然是黄松木头)那里获得神谕。这还没算上那些飘荡在异次元空间里的怪胎们:那个独臂男人、巨人,还有那个倒着说话的侏儒,外号是异域来客,别忘了那个一身牛仔夹克头发蓬乱的恶灵 BOB。

在双峰镇这个小宇宙里,最重要的两个人物——一个是联邦调查局特派探员戴尔·库柏,一个外来者,通过他我们发现了这个地方;另一个就是死者劳拉·帕尔默,因为她库柏才会被派到这里——只在梦中相遇,更确切地说,是在拉着红色帘子的红屋子那个梦境里相遇。西装笔挺涂着发油的库柏看上去比《蓝丝绒》里的杰弗里·博蒙特略年长,他对于谜团有敏锐的嗅觉,爱寻找"一直被隐藏起来的东西"。这个日常生活的鉴赏家几乎像漫画人物一样对周遭的一切大惊小怪("我一辈子从没见过这么多树。"),他跟林奇一样,有一种童子军般打鸡血的劲头,喜欢吃甜食,对东方神秘主义保持着好奇心。自从塑料袋里露出脸的那一刻起,劳拉就在这部电视剧里阴魂不散,盖住她的塑料袋就像婚纱一样纤弱。她在剧中反复出现,在那张返校节皇后[1]装扮的头像照片里,戴着一顶头饰,面露微笑,那张照片骄傲地陈列在高中的战利品展示柜和劳拉的卧室里。这张照片也出现在第一集结束时片尾字幕的背景里,从照片来看,劳拉是一个健健康康的邻家女孩,这和后来那个嗜毒成瘾、滥交、有控制欲、备受摧残、如履薄冰、自我毁灭的问题少女判若两人。因为一张头像照片,林奇选择了从西雅图来的二十二岁的女演员雪莉·李来扮演这

---

[1] 返校节皇后(home-coming queen),美国中学的传统,每年在暑假的返校节时进行评选,由所有学生投票选出品学兼优人缘好的学生。

一重要角色。在第一集里,分配给她的戏份就是演一个死人,除此之外只有一场戏,就是她在一个录像机前,和唐娜一起跳舞,对着摄影机搔首弄姿。李扮演活着的劳拉时散发出来的魅力击中了林奇,他甚至搬出了老掉牙的肥皂剧套路,设置了表姐梅德琳这个和劳拉长相酷似的角色,而且让梅德琳和劳拉一样走上了黄泉路。

林奇告诉《时代周刊》说他希望《双峰》可以"施下一道魔咒"。媒体显然中招了,他们没法停止写它。批评家洋洋得意说林奇和电视黄金档不搭调("这个彻头彻尾美国化的超现实主义者一涉足电视,就像寄生虫遇到了营养丰富的主人。"《纽约客》表示。)尽管肥皂剧杂志给演职人员都写了人物小传,批评家约翰·莱昂纳德在《纽约》杂志的封面文章里却形容这部电视剧是知识分子的心头好,抛出一串大名字,从安东尼奥尼说到维特根斯坦。"我们一般都是拿电视剧来排解寂寞的,你本不期待它会给你什么惊喜。"莱昂纳德写道。

《双峰》打破了一般电视剧的套路,但还不至于到颠覆的程度。它放慢了叙事节奏,打破了情感基调,扩大了电视这个小屏幕的词汇,它放弃了以不太显眼的中景为主的拍摄惯例,代之以让人眼前一亮的构图和风格化的丰富色调(据说林奇禁止使用蓝色道具)。但它的别出心裁也只是让它迅速变成一部现象级作品的其中一个因素,也许还不是主要因素。就像片名仿佛在以戏谑的口吻影射一对丰满的乳房一样，《双峰》给人以一种回到母亲子宫般的慰藉。片子开头是安琪洛·巴达拉曼提创作的主题曲，这首合成的缪扎克音乐就像一个蚕茧将你层层包围。（在为影碟版发行做的视频采访里，巴达拉曼提回忆说，他在他的电钢琴键盘上即兴创作出了这一段音乐，林奇就坐在旁边向他描述场景："好的，安琪洛，我们现在就在幽深的丛林里，一阵柔软的风吹过枫树……"）

尽管剧中恐怖事件接二连三，黑暗中也潜伏着未知的恐怖，但就像库柏一再注意到的，双峰镇的生活也有其美好的一面，他时而驻足对新鲜的空气，香甜爽口的樱桃派和果冻甜甜圈赞不绝口。（林奇经常把糖比作"颗粒状的幸福"。）就像《蓝丝绒》一样，这部电视剧也在婴儿潮一代的观众那里唤起了一种怀旧之情，仿佛这个故事既发生在当下，又同时发生在 1950 年代。少女们穿着毛衣和马鞍鞋，坏小子们仿佛是从《无因的反叛》里漫不经心地走出来的。"当这个古朴的小镇华灯初上，你恍若回到童年时代，这时一辆现代车驶过，把两个时代拼贴到了一起，"林奇告诉《她》杂志，"我们在一所学校里拍戏的时候就发生了这样的情况，那所学校是五十年代建的。那个时代的氛围就开始在眼前飘浮，影响了很多当场发生的事情。"

在 1990 年春天播出的那六周里，第一波《双峰》剧集就引爆了媒体热潮。"《双峰》里的女人们"——罗拉·弗琳·鲍儿、雪琳·芬、梅晨·阿米克——登上了《滚石》

杂志封面，而雪莉·李裹着一层塑料登上了《时尚先生》"我们爱的女人"专题封面。《双峰》热还出现在了《纽约时报》的社论文章里："有没有这样一个饭店你心仪已久但已经爆满了？今晚九点试试看吧。"八卦小报《星报》刊登了一个来源不明的报道，说剧组在斯诺夸尔米附近的森林里行为恶劣，残害动物，乱砍滥伐。凯尔·麦克拉克伦还客串主持了一集《周六夜现场》，里面有一个桥段是《双峰》模仿秀（迈克·梅尔斯模仿了异域来客那个角色），他拿探员库柏那种固执古怪的办案方式开涮。《芝麻街》也以恶搞的方式致敬：双鸟嘴[1]。《双峰》被美国电视评论协会选为本年度最佳，还拿到了十四项艾美奖提名，林奇个人以编剧和导演拿到五项提名（最终只斩获最佳剪辑和最佳服装设计奖）。

《双峰》之前不乏执着的电视粉丝——最明显的莫过于电视剧《星际迷航》的粉丝——但《双峰》创造了一种新的粉丝现象。它是一个大众文化文本，需要大众对剧中的线索、符号和障眼法进行符号学解码。除了发烧友杂志和学位论文对其趋之若鹜之外，这还是被记录最多的电视剧（在那个大家还用笨重的家庭录像机的年代），还引来《洛杉矶时报》和《纽约邮报》的批评家对其进行文本细读，甚至对关键剧集一个画面一个画面地分析。劳拉·帕尔默

---

[1] 原文为 twin beaks。

之死不过是第一个谜团，也是主要的卖点。梦里的场景和来自异域世界的力量表明还隐藏着一个更大的谜有待破解。在当时的访谈里，弗罗斯特用后现代主义的术语戏称这部电视剧就是"一个文化肥料堆"。在阅片无数的电影迷眼里，《双峰》里可以找到许多好莱坞经典的影子：劳拉这个名字会让人想起奥托·普雷明格1944年的黑色电影《劳拉》里那个著名的不在场的主角，这个人物也叫劳拉。他们说和劳拉长相酷似的梅德琳这个哏就是明目张胆从希区柯克《迷魂记》（1958）照搬过来的。

过了最初几个礼拜，观众人数开始回落，播出一个月后，观众人数在一千七百万左右，是刚开始的一半，但仍有许多粉丝不离不弃，如痴如醉。早在电视榜和直播出现之前，《双峰》就是早期互联网的现象。学院派和研究者们还在论坛贴吧里混的时候，讨论组 alt. tv. twinpeaks 平均就有两万五千名成员，巅峰时期一个礼拜生产一百到二百条帖子。每播完一集，粉丝们就聚集在一起，发表自己的阐释，破解谜题，分享越来越复杂精妙的假说。在提交给1990年的电影研究协会会议上的一篇关于《双峰》网络粉丝群的论文里，电影学者亨利·詹金斯形容这部电视剧是"基于电脑的完美文本"，"在肥皂剧的外衣下包裹着错综复杂的谜团"。

不论是在网上玩弄理论阐释，探索美国西北部的拍摄地，抑或像在粉丝尤其狂热的日本那样，给劳拉·帕尔默办一个模拟葬礼,《双峰》粉丝们有一个共同点,就是都渴望在那个世界里驻留更长时间。为了满足嗷嗷待哺的粉丝,制作人与林奇、弗罗斯特一道,还捆绑推出了一系列周边产品,包括两本日记体小说(以劳拉·帕尔默和库柏探员为叙述视角)以及一本双峰镇旅游指南。然而尽管多数死忠停留在双峰镇的世界里心满意足,许多观众还在翘首以待一开始挖下的坑到底何时可以填上。等到案情水落石出的那一刻,观众群起喝倒彩,觉得自己被耍了,显然奸杀劳拉·帕尔默的凶手是她父亲这一谜底不是许多人希望看到的答案。

什么原因让《双峰》下架这一问题和谁杀了劳拉·帕尔默这一问题密不可分。当电视剧指明了谁是凶手那一刻,也在象征意义上谋杀了自己。至少传说如此。但如果再稍加分析一下《双峰》的起伏波折,看看伴随热潮而来的种种猜测,就不难发现可能一开始它就注定了早夭的命运。1989 年 9 月,首播半年前,发表在《华盛顿邮报》上的一篇报道里,全国广播公司的经理布兰登·塔奇科夫说:"我会想要生活在那样一个乡村世界里,但我怀疑这条路对他们来说有点艰难。"临近播出之际的主流报道除了用语夸张外,值得注意的是经常含沙射影说林奇跟黄金档电视剧根本不搭调。"好莱坞的头号怪咖对电视来说太怪了吗?"《纽约时报杂志》问道。《洛杉矶时报》还添油加醋怀疑林奇能不能给凶杀谜团设置一个传统的结局，林奇失去耐心了："完结。我一直听到这个词……只要一部剧给你一种剧终的感觉，也就给了你借口好让你忘掉你看过它。"

对林奇来说，连续剧这一形式的吸引力主要来自于创作者不必受要完结的束缚，即便那也是短暂的。对于广播公司和相当数量的电视观众来说，《双峰》的主创可能会没完没了把这部戏拍下去，这就值得警惕了，因为当时大多数电视剧草草收场，好把时间段让给晚间新闻。"它最多能满足一下还没看够《神探可伦坡》和《梅森探案集》的观众的侦探欲吧。"《双峰》第一集播出后，《芝加哥论坛报》作出上述警告。《双峰》第二季开播没多久，答案如何尚无眉目，《奥兰多哨兵报》的电视评论员抱怨道："我不想被当成傻瓜耍。"

弗罗斯特和林奇一直声称，从一开始，他们就已经明确里兰是杀人凶手了。"我们知道，但拍的时候，我们没有悄声说出来，"林奇告诉克里斯·罗德雷，"我们尽量不去想这件事。"从林奇对于创作过程的描述来看，他的工作方式有点随性。电视剧里邪恶的化身 BOB 那个人物，以及那个标志性的异次元空间红房子，他一开始都没想到这些，直到样片拍得差不多的时候才有了灵感。在那个被转述最多的《双峰》幕后故事里，林奇形容 BOB 的出现是一个快乐的意外。弗兰克·席尔瓦当时是布景设计师，在拍样片时，他当时正在劳拉房间里搬家具，林奇当场就决定要让他演一个角色。后面有个镜头是格蕾丝·扎布里斯基演的莎拉喝得烂醉如泥,她在心中看见了某个东西,然后整个人笔直弹坐起来,席尔瓦当时正想从门口溜走,很巧就映在镜子里。在尖叫的莎拉身后,席尔瓦模糊的影子在镜子里闪过了一秒,林奇决定把这个镜头留下来用做样片最后一个镜头。

红屋子是林奇绞尽脑汁在想怎样处理样片的时候来的灵感,根据合约,他要把这个样片剪成一部单独的电影投放到欧洲的家庭录像带市场。那是一个大热天,林奇从洛杉矶制作基地的剪辑室里出来,他把手靠在一辆车的车顶上。"然后——**嘶!**——红房间出现了。"林奇在《钓大鱼》里写道。屋子里有红色帘子,大理石塑像,还有之字形黑白相间的地板(让人想到《橡皮头》里亨利的休息室),还有一些神秘的人,包括那个倒着说话的侏儒。欧洲版最后一场戏就是在红屋子里,还把杀人凶手指向了 BOB,而不是里兰。一开始红房子是帮他解了围的神来之笔,之后就变成了一个越来越核心的要素。林奇还把它放到他执导的第三集里,在那个晦涩难懂的梦里,上了年纪的库柏探员见到了劳拉。从这一集也可以清楚地看出,《双峰》并不急于让这个侦探疑案那么快水落石出。库柏做了一场关于西藏历史的演讲,还用了一种叫"身心一体"的推理术,接下来他用把石头扔到瓶子上的方式挨个罗列了一连串嫌疑人。从那个红屋子的梦里一醒过来,他就打电话给杜鲁门警长，说他终于知道杀害劳拉的人是谁了。然而到了第二天上午——下一集开始的时候——他转眼就忘记了。

《蓝丝绒》里那个大眼睛的杰弗里与其说是一个侦探，倒不如说是一个爱管闲事的偷窥癖。林奇后期许多电影都是结构复杂的谜团，需要观众像侦探一样抽丝剥茧。《双峰》或许是他唯一一部算得上侦探小说类型的电影，这一类型的开山之作基本上就是爱伦·坡的《莫格街凶杀案》。在有些方面，库柏很符合过去传统中那种古里古怪的侦探形象，而警长杜鲁门则扮演中规中矩的好助手。但《双峰》在遵循这一类型之一，更多的是将其条条框框打破。1930年代，一群包括 G. K. 切斯特顿[1]在内的英国推理小说家成立了一个侦探俱乐部。其中一个成员是天主教神父罗纳德·诺克斯[2]，他制定了他认为可以促进公平解谜的十条法则，史称"推理小说十诫"。这些戒律稍微有点像无伤大雅的玩笑，但值得注意的是《双峰》直接违背了诸多先人的训诫：诺克斯反对在作品里出现"超自然的或近乎神迹的力量"、秘密通道，反对使用直觉以及事物成双成对出现。《双峰》的路径更接近于博尔赫斯，但那也是一个爱伦·坡的信徒，他为现代主义时代更新了侦探小说这一类型，他说"悬疑本身要比其解决更让人印象深刻"。林奇后

---

1 G. K. 切斯特顿（Gilbert Keith Chesterton, 1874—1936），英国推理小说家，代表作《布朗神父探案集》等。
2 罗纳德·诺克斯（Ronald Knox, 1888—1957），英国推理小说家。

来说他本来计划要在这部剧结尾的时候才点出凶手的身份,对他来说,侦探故事这一类型的乐趣就在于揭露的过程,谜团的存在就暗示着可能性的存在,也意味着我们可以用变化的眼光来看待这个世界。

主流的媒体叙述认为——甚至在《周六夜现场》模拟《双峰》那段里,扮演库柏的麦克拉克伦也顽固地对再明显不过的凶手证据视而不见——《双峰》在拿观众当猴耍。紧张兮兮的美国广播公司经理们把林奇和弗罗斯特叫过来开了好几个会,向他们施压,勒令要让他们尽早了结这起凶杀案,而不是拖个没完。鉴于粉丝热情居高不下,广播公司方面无奈拿出第二季第七集之前提前发布的报纸广告说:"最后通牒。周六,11月10号。找出杀死劳拉·帕尔默的凶手。"直到被逼无奈之前,林奇和弗罗斯特几乎都没有告诉任何人里兰就是凶手。直到拿到林奇执导的那一集的剧本之时,演员雷·怀斯才恍然大悟原来自己演的角色就是杀人凶手。在电视上播出过的有史以来最残忍的凶杀案里,被恶灵BOB控制的里兰把麦蒂[1]一头撞向客厅墙上的画框。为了尽可能不让天机泄露,林奇还拍了一个替代版本,在那场戏里,杀麦蒂的人是理查德·贝梅尔和本杰明·霍恩。

凶手身份被揭露之后的剧集主要是一系列杂乱无章的

---

[1] 即劳拉的表姐梅德琳。

情节，有外星生命（可能是从《利莫里亚》那儿拿过来的边角料），内战重演，以及还没拍《X档案》的大卫·杜楚尼演了一个变性的联邦调查局探员。凯尔·麦克拉克伦当时正和拉腊·弗林·鲍尔谈恋爱，于是他拒绝让探员库柏和雪琳·芬扮演的风情万种的奥黛丽配成一对。在漫长的第二季，弗罗斯特和林奇都只是零星参与了拍摄，尤其是林奇。弗罗斯特当时正紧锣密鼓地筹备他的导演处女作《斯特利维尔》，一部南方哥特题材的惊悚片，詹姆斯·斯派德领衔主演。1989年秋天，林奇则完成了一部独特的南方哥特题材作品——他第五部剧情片《我心狂野》——在制作《双峰》第二季的时候，他正忙于这部电影的发行事宜和筹备在东京当代艺术馆的个展。

第二季伊始，美国广播公司就把《双峰》移到了周六晚间这个收视率低谷时间段，普遍认为此举的用意就是要赐它一个安乐死。收视率持续下跌，1991年2月，广播公司中断了该剧的播出，让死忠粉们大为恼火，他们发起了一个团体叫"反对《双峰》下架联盟"，还发起了投书运动。林奇在《大卫深夜秀》中现身，抗议播出时段调整到周六——解释说《双峰》的粉丝都是"神通广大之辈"，鼓励观众给美国广播公司娱乐部主席鲍勃·艾格写信，让电视剧按照原定时间播出。美国广播公司收到了一千多封信，答应几个星期后让林奇和弗罗斯特完成这一集，并按原来的周四时间段播出，但那时它的命运似乎就已明显注定。

1991年3月，林奇重返《双峰》片场执导这一季的结局，他知道很可能这是最后一集了。明知要寿终正寝，但林奇还是把一切交代完毕，反而让很多谜团更扑朔迷离。剧本由弗罗斯特和另两位主要编剧罗伯特·恩格尔斯、哈雷·佩顿一同合作编写，但林奇又大面积重写了一遍，甚至在现场即兴发挥。就说一点，他把整个帕尔默家族和抱木头的女士又重新带了回来。样片里餐厅的那一幕又原原本本地出现了，给人一种不安的似曾相识之感。在之前的剧情里，那个人间炼狱一般的黑色旅馆反复出现，原来林奇的红屋子就在这个旅馆里。这一集一半时间里——依然是电视剧历史上最精神错乱最令人不安的一小时——库柏一直在窗帘围着的红屋子/黑色旅馆这一安乐窝里踱来踱去，灯光闪烁，每个人都在倒着说话，咖啡浓稠得就像柏油，时间仿佛静止一般。他遇到了剧里的超自然力量BOB和那个域外来客，死去的里兰和劳拉，还有他自己内心那个隐蔽的邪恶分身。两个库柏在旅馆里你追我逃，但只有一个成功逃了出来。《双峰》结尾，库柏回到旅馆房间，拿头撞向浴室镜子，看到破碎的镜子里映现出BOB的脸，他狂笑不止。林奇结束了这部电视剧，最终让它回到他自己迷恋的轨道，猝不及防转向黑暗，几个小时的诡异氛围扫荡一空。

9 《双峰》归来

《蓝丝绒》和《双峰》问世的那几年见证了林奇怎样咸鱼翻身,从午夜场电影导演和好莱坞有史以来名声最臭的电影人摇身一变成为喜闻乐见的公众人物。作为女演员、超模罗西里尼的浪漫情人,他自然也成为媒体争相关注的对象。专为名人拍摄肖像的摄影师让他俩的关系永远定格在了照片里,照片里两人的姿势无疑也是林奇主义式的。在赫尔穆特·牛顿[1]拍的一张照片里,两人同样温柔,不安,罗西里尼闭着眼睛,头朝后仰,梳着一头 Quiff 发型[2]的林奇只能依稀看清侧脸,把手指搭在她脖子上,仿佛正准备爱抚或做更邪恶的事情。在安妮·莱博维茨[3]拍的一张更诙谐的照片里,罗西里尼的礼服肩带滑下香肩,她一只手臂挽着半身被遮住的林奇的

---

[1] 赫尔穆特·牛顿(Helmut Newton, 1920—2004),澳大利亚籍德国犹太裔时装、人体和名人摄影家。
[2] 即是用梳子往后梳齐的发型。
[3] 安妮·莱博维茨(Annie Leibovitz, 1949—),美国女摄影师,世界上报酬最高的摄影师之一。

腰，林奇的脸几乎完全被黑色高领毛衣的领子遮住，这张照片帮助林奇奠定了美国当时最受欢迎的天才怪咖的地位。

在一起的五年里，罗西里尼和林奇一个住在东岸，一个住在西岸。"我不知道他在洛杉矶干什么。"1987年，她接受《名利场》采访时说，那是他们在一起的第一年。但林奇经常和她在曼哈顿见面，也经常造访她在长岛贝尔波特乡村的家。在谈到接受采访时怎样夫唱妇随时，摄影机前驾轻就熟的罗西里尼帮助林奇重塑自己的形象。她指责他在一起采访时过于沉默（"大卫，你现在太高深莫测了。"），称他是"一个安静、沉着和非常温柔的男人"，还爆料说拍《蓝丝绒》里弗兰克和桃乐丝暴烈的性爱场面时，他无法自控地大笑："大卫对着迷本身着迷。他觉得那有一种难以抗拒的乐趣。"罗西里尼对林奇有过一句最入木三分的描述，形容他"一直过着相当简单的生活，这样他才可以不用费心去思考它——他才能坐下来听从他自己的幻象指引"。1991年，两人劳燕分飞，罗西里尼"伤心欲绝"，她在1997年的回忆录《部分的我》里如此写道。在书中，写到他时依然满怀深情，但也证实了传说中那个仿佛远在天边的天才形象并不是空穴来风："从他那常常呆滞的眼神里，我总能推断出他没有在听我说话。我怀疑他沉浸在另一个次元。"

《双峰》时期关于林奇的报道都会喜欢拿他的怪癖怪事做文章。扮演警长杜鲁门的迈克尔·昂吉恩有一次告诉

《滚石》杂志记者说,有一天他们正要拍的时候,林奇把手伸进口袋,拿出来的是"《蓝丝绒》里那只耳朵"。林奇向记者纠正:那不是同一只耳朵。是有人寄给他的,"正好在我口袋里"。另一个被频繁提及的故事说的是林奇书桌上放着一只保存完好的子宫。据说那是拉菲拉·德·劳伦蒂斯送给他的礼物,她那时刚做完子宫切除手术,心想林奇应该会喜欢这份纪念品。(将尽二十年后,他还在回答关于那只子宫的问题:"那玩意儿从来不在我的书桌上,"2007 年他说道,"在我家另外一个地方。")

当记者们不再把注意力放在林奇的怪癖上的时候,他们就开始反向关注他那怪异的正常。就像是从他的创作方法中寻找蛛丝马迹一样,写作者们就开始翻找那平平无奇的表面,希望翻出异乎寻常的内里。一种反复出现的叙述出现了:林奇是一个喜欢遵循习惯的人,他喜欢生活中那些简单的事物,尽管那些习惯就像强迫症一样到了病态的地步。他在《今夜秀》里告诉杰·雷诺,连着七年,雷打不动,下午两点半,他都会在洛杉矶的鲍勃的大男孩饭店里用银做的高脚酒杯喝巧克力奶昔。他还自曝说他常常每天吃一样的东西(那时,吃的是金枪鱼三明治),直到吃厌了,就换个口味。(2001 年末,有一个记者想摸清楚他当时的食谱,他那时"喜欢把色拉放在美膳雅食品加工机里,这样每一口的味道都是一样的"。)但在他家里做饭是大忌:"那股做饭的气味——当你在画画或甚至在写作的时候——

会弥漫得到处都是。所以我只吃那种用不着生火煮的食物。"他位于好莱坞山的家很简朴,几乎空空荡荡。那时他没有开始自己动手设计打造桌子、椅子、灯之类的家具,而且由于他很少能买到入他法眼的家具,他的房子就没有装修:"我喜欢那种很简约的感觉。日本人那种生活方式让我很觉得很刺激。"

《蓝丝绒》本应为林奇开启一条康庄大道,但之后一个接一个项目都中途夭折,主要原因是他当时的金主迪诺·德·劳伦蒂斯遭遇了财政危机。但他在别的方面忙得不亦乐乎。通过罗西里尼,他认识了里欧·卡斯特里,此人当时是美国最有权有势的画商。卡斯特里为林奇的画作所惊艳。"这个人知道他在做什么。"他告诉《名利场》。他补充道:"我很想知道他是怎么做到的。他不可能出生在宙斯的脑袋里吧。"1989年2月,卡斯特里专门在他位于苏荷区的画廊里为林奇举办了一个个人画展,此举让纽约艺术圈大感惊骇。("半吊子的时代来临了。"一位评论家如此抨击道,谴责这些画作"有一种故意为之的幼稚"。)《双峰》播出前一年左右,林奇和罗西里尼在《莎莉与我》一片中演对手戏,这是一部独立电影,导演是蒂娜·拉思伯恩,后来《双峰》里有几集就是她执导的。他还为卡尔文·克莱恩的迷惑系列香水拍了几个氛围感伤的广告。他还在继续画他的四格漫画《全世界最愤怒的狗》,每周连载于《洛杉矶读者》。他还在布鲁克林音乐学院上演了先锋歌剧《工业交响曲 1 号》,其中有一个锯木的侏儒,漂浮的婴儿洋娃娃,漫天的烟雾,朱莉·克鲁斯演唱、安琪洛·巴达拉曼提给《双峰》谱写的歌曲悠悠地从汽车行李箱中传出,大屏幕上投射着劳拉·邓恩和尼古拉斯·凯奇在林奇刚拍完的《我心狂野》里的场景。

如果说《橡皮头》和《蓝丝绒》的拍摄过程算得上旷日持久,那《我心狂野》简直一眨眼的工夫就拍完了。作为一部类型片,这部公路电影本身就讲求速度。林奇读了湾区作家巴里·吉福德的原著小说,那时这本书还未付梓。《双峰》的副制片人蒙蒂·蒙特格美里(后来他在《穆赫兰道》里扮演了牛仔一角)给了他这本书,本意是想自己拍,让林奇担任执行制作人。但林奇一下子就被吉福德这部南方哥特式小说[1]给迷住了,蒙特格美里只好靠边站,答应担任制作人。林奇花了六天时间就写出了剧本。1989 年 8 月,资金到位两个月后,电影正式开机,九个月后顺利完成,几天后就在戛纳电影节首映。林奇飞到法国,把新鲜出炉的带子藏在椅子下。

吉福德这本洋洋七大卷的皇皇巨著,横跨塞勒和罗拉六十年的生命史,就像无数亡命鸳鸯一样,两人为了躲过法律的制裁和那个专横跋扈的母亲玛丽埃塔,浪迹天涯。

---

[1] 南方哥特式小说有如下特点:以美国南方为背景,情节往往以畸形、偏执或暴力为主。

"整个世界外表怪异而内部疯狂!"一开始罗拉就如此宣告。这一场变故频仍,充满曲折崎岖的冒险,是这一句话最淋漓尽致的注脚。对林奇来说,改编《沙丘》时,要对如此枝繁叶茂的情节进行提炼总结简直是一场灾难。但吉福德那生动盎然意象迭出的文风和自由的叙事形式就更对他的胃口,也更有利于他发挥。林奇为书里那波动的情绪和类型的混杂所吸引,他更强化了对比的效果:"我只是让光明的东西变得更光明,让幽暗的东西变得更幽暗。"他告诉《首映》杂志。

他原封不动地保留了很多吉福德小说中的台词,但又重新构思了背景故事,更改了人物形象(玛丽埃塔变成了一个怪物般的老泼妇),穿插了一个模糊的犯罪集团的情节,还强行加上了一个大团圆结局(征得了吉福德的同意——他向林奇保证塞勒和罗拉到一定时候会重新走到一起)。那些最让人感到不适和暴力的场景——塞勒赤手空拳和恶棍搏斗,将其打死,因而入狱,一个角色在某种巫术仪式上暴毙,恶棍鲍比·佩鲁对罗拉进行语言羞辱——要不就不见诸书中,要不就完全是林奇的创造。吉福德把这一对时运不济的爱侣比作罗密欧与朱丽叶,但林奇加入了自己的主题,借用了他青春时代的流行文化元素。电影的宣传语总结这部电影时这样说道："通往奥兹国[1]路上的猫王和玛丽莲[2]。"

在《我心狂野》里有一对女巫，一个善良，一个邪恶，还能找到嘟嘟和黄砖路[3]的痕迹，很明显是在向林奇的最爱《绿野仙踪》这一部"公路电影"致敬，那时这个词还没发明。这一类型电影是土生土长的美国制造，与汽车工业的发展紧密相连，脱胎于二战后的黑色电影和犯罪电影，1950末和1960年代初美国州际高速公路网建立，美国人汽车拥有量随之上升，公路电影蓬勃发展。标志性的两部代表作——丹尼斯·霍珀的《逍遥骑士》，蒙特·赫尔曼的《双车道柏油路》——是美国反文化及其余风残留的产物。即便这一类型片在不断演进——《我心狂野》上映的时候，美国银幕上出现了一批这样的漫游者，比如《天堂陌影》《抚养亚利桑纳》《我自己的爱达荷》《末路狂花》等电影——公路的浪漫特性依然含混不清。柏油路一路延伸，消失于地平线边缘，这一可以代表许多事物：自由、孤独、执着、迷惘和命运。

林奇的电影里经常反复出现穿越而过的黄色分割线这一让人催眠的画面，他告诉罗德雷公路代表着"向未知进

---

[1] 奥兹国（Oz）：在电影《绿野仙踪》里，女主角多萝西被龙卷风刮去一个叫奥兹国的地方，这是作者虚构的一个奇幻世界的名字，后来被用来比喻不真实的、神奇的、稀奇古怪的地方。
[2] 猫王和玛丽莲·梦露是二十世纪两大性感符号，传闻两人有过一夜情。
[3] 《绿野仙踪》中，嘟嘟（Toto）是多萝西的小狗；黄砖路是多萝西从小人国到翡翠城寻求奥兹魔法师帮助所要走的路。

发"。公路电影往往会穿越他所说的"美国的无名地带"，即位处社会和文明末端的边荒地带。在《我心狂野》里，罗拉（劳拉·邓恩饰）和塞勒（尼古拉斯·凯奇饰）从北卡罗来纳州的恐怖角出发，开着一辆福特雷鸟老爷车，驶向加利福尼亚的奥兹国，尽管最后困在了得克萨斯州一个叫大金枪鱼的鬼地方。（路线起点就在《蓝丝绒》拍摄地附近，也很接近林奇自己的生命轨迹，他就是一路兜兜转转最后到洛杉矶拍电影的。）来来往往的公路电影主角们，不论来自何方，不论去往何处，也不论他们有没有看到，往往最后都能发现：自我的感觉或何为美国的观念。林奇认为吉福德的小说捕捉到了这个国家当时的一种情绪，在那个时代，"空气中有一种疯狂的气息"。镜头从一个激烈场面切到下一个激烈场面，仿佛磁铁一样带出了这种"疯狂"氛围，就像车里的收音机，让罗拉沮丧的是，她调来调去，都只能听到坏新闻。

如果说《蓝丝绒》是一部将狂放的冲动完全克制的电影，《我心狂野》就是恣意淋漓无拘无束了。或许这也并非偶然，在林奇的职业生涯里，这样的恣意纵情在《双峰》里就达到了顶点，这扇窗被短暂打开后，他几乎就开始随心所欲。在很多方面，《我心狂野》似乎一开始就是为了跟《蓝丝绒》形成剧烈反差。之前的电影都是在一个封闭压抑的空间里，给人焦虑凌乱之感，而这部电影一开始就是一根熊熊燃烧的火柴特写，一直处在燃爆边缘。《蓝丝绒》里的性爱场面（林奇大部分电影在这方面都是这样的）都是犹抱琵琶半遮面地包裹在内疚和恐惧之中的，而《我心狂野》是除《穆赫兰道》之外最风流的一部电影，几乎就是在纵欲狂欢，尽情释放力比多。

由于在《蓝丝绒》和其他类似电影中的出演，邓恩被定位成一个乖乖女的形象，这一次要让她出演说话慢吞吞但时而扭曲嘶吼，一直火辣不安的罗拉一角，对于林奇来说也是信心和想象力的考验。"他会向我演示嚼口香糖或抽烟，然后我就知道怎么做了。"在片场时，邓恩告诉《首映》的记者。（邓恩和凯奇后来假戏真做，拍完《蓝丝绒》后她和麦克拉克伦也成了一对。）林奇还让邓恩的母亲戴安·拉德出演玛丽埃塔一角。另外大部分配角都是客串出演：电影让塞勒和罗拉遇上一堆动画般的人物，比如戴金色假发的伊莎贝拉·罗西里尼、威廉·达福、克利斯丁·格拉夫、格蕾丝·扎布里斯基和哈利·戴恩·斯坦通，他们的出场就像插曲一样破碎。

《我心狂野》是林奇第一部真正意义上的喜剧，但尽管电影充斥着一种带有攻击性的荒诞感，也不乏他标志性的惨烈场景。最让人作呕的一场戏里，达福扮演的鲍比·佩鲁在汽车旅馆找到了罗拉，并发现了地毯上孕吐的证据。林奇主义式的共感往往是视觉和声音的结合，此处他运用了嗅觉。一个特写镜头开启这场戏，在评论那一摊难闻的呕吐物的味道时，鲍比一把把罗拉拉过来，露出那一口烂牙，对她说："说'操我'。"他一遍又一遍地重复这句肮脏的咒语，直到最后她的厌恶变成了兴奋，她照说了——以至于听得他直往后退："有一天，宝贝儿，我会这么做的！"这个场景让观众仿佛都卷入其中，甚至就像罗拉一样被侮辱，他们目睹了语言上的强暴，这一刻不比幻想更不真实，结束的时候甚至变成了可能的现实。几乎林奇的每部电影都是在寻找这类断裂线，这一点在《妖夜慌踪》和《穆赫兰道》等之后的电影里甚至变得更明显，它们横跨多个世界。

在更早的一场戏里，气氛更柔和但也一样让人给人以不安之感，塞勒和罗拉驾车驶过死亡之夜下的荒漠，正巧路过有个地方刚发生过可怕的意外。停下车的时候，他们发现一个遍身血污的幸存者孤身一人，由《双峰》里的雪莉·芬扮演的这个女子跌跌撞撞在遍地尸首中寻找钱包，她头上破了个洞，生命的元气也在耗尽。她是另一个林奇主义式的神秘人物，几乎要一命呜呼，但自己却还浑然不觉。为这部电影掌镜的弗雷德里克·埃尔姆斯回忆说这是最难拍的一场戏，因为林奇坚持要在近乎全黑的状态下拍摄。起初他们在加利福尼亚州南部物色到一段漫长笔直的公路，那里看不到灯（最终他们是在贝克斯菲尔德郊外拍的这场戏，每次远处车前灯出现的时候，他们就得停下来等上几分钟）。这场戏也是用手持摄影机拍的，而且得在几乎完全不打光的区域操作。"我真的很紧张，不确定能不能拍到什么东西，"埃尔姆斯说，"但对林奇来说，不知道能拍出什么反而会有更强大的力量。"

《我心狂野》每一场试映时，都出现了观众大面积离席的状况，林奇不得不忍痛割爱，剪掉部分暴力场面。最早的版本里，斯坦通演的强尼·费拉加特被折磨致死那场戏更长。"有一条神奇的线，如果你越过那条线，你就会陷入麻烦，"他告诉《综艺》，"暴力就意味着越过那条线，毁灭一切。"这部电影举行全球首映的时候，正值林奇的人气巅峰，《双峰》第一季刚播了一半（戛纳电影节美国馆组织了观看活动）。能想象《我心狂野》的反应也是两极分化。"在蒙大拿密苏拉当鹰级童子军的时候，你想象过这种暴力的画面吗？"记者会上有记者问林奇。他微微一笑回答道："甚至比这还糟呢。"由贝纳尔多·贝托鲁奇领衔的评审团授予这部电影金棕榈奖的时候，现场嘘声四起，淹没了喝彩声。"真是美梦成真。"林奇领奖时说。

像《我心狂野》这样一部用力过猛的片子被喝倒彩，在某种程度上这样的惩罚也是咎由自取。那年夏天上映的时候，许多评论家迫不及待地指出林奇的招牌动作已经愈益明晰，自成一家。有人回顾了他以往的作品，褒奖之余，也说从他这些作品中都能探测出这类风格的端倪。有的称他是一位自我意识过剩的艺术家，代表了后现代反讽之弊的症候。1990 年 9 月，林奇登上《时代》周刊封面的时候，正值《双峰》第二季回归电视荧屏，他陷入了过度曝光的危机之中。那篇报道更多讲的是声誉日隆所带来的适得其反,而不是一位新的文化英雄的加冕:"那个怪异的局外人就快变成大卫·林奇公司了。"

《双峰》第二季东拉西扯枝蔓丛生,林奇基本上没有参与其中,但与他的风格相似,在这一季里,林奇主义开始变得更像是一系列被模仿或戏仿出来的古怪气质,而少了几分不言而喻的浑然天成。一句很司空见惯的评价就是林奇在拍《我心狂野》的时候,是在"拍林奇自己"。那年秋天,《间谍》杂志把"像林奇(Lynch-like)"收入了新版好莱坞流行词汇:"每当出现什么让人捉摸不透或没来由怪里怪气的东西的时候,制片公司的头头现在就会照单全收管那叫像林奇。"新右翼的喉舌《国家评论》杂志此前曾把《蓝丝绒》跟色情片相提并论,10月却发表了一篇文章热情赞扬,或许这从一定程度上反映了林奇这么快就已经过时了。专栏作家、自称是旧保守主义者的约瑟夫·索布兰研究了一番林奇近期的作品之后,惊讶地发现"有人注意到了"美国人生活的诡异之处。"有个人用他的摄影机和想象力以及他的聪明才智发现了美国人独有的表达,而且并没有因此采取一种反美主义的态度,"索布兰写道,"他大有前途。"

然而林奇却跌入了谷底。那是他下一个拍摄计划,《双峰》电视剧的副产品、电影《与火同行》。很多贬低这部片子的人在还没看过之前就一口咬定这部片子不可能赚钱，不过是想榨干这部现象级电视剧最后一滴油水。这一计划确实看不出有过多少深思熟虑的商业考量：《双峰》最后一集的观众数不过六百万，还不到一开始的五分之一，而一部更商业化的《双峰》电影一定至少得把那些未解悬案交代清楚或从那个扣人心弦的结尾里再拎出几条未解线索。相反，《与火同行》是一部前传，是对于电视剧里黑暗心灵和致命创伤更深入的挖掘，是对劳拉·帕尔默短暂一生的最后一周的记录——换句话说，这部电影注定要以这个主角被残酷杀害作为结尾。

"我不过是深爱着双峰镇那个世界和生存其中的人物，"1992年5月，在戛纳电影节首映之后的记者会上，林奇说道，"我想回到那个电视剧之前的世界，去看看发生了什么，去探究一下我们听过的那些东西是怎么来的。"后来他形容这部电影是一个复活计划。"我很爱劳拉·帕尔默这个人物，也爱她身上的那种悖论性，外表熠熠发光，内里却在黯然萎谢。我想看她活着，看她走动，看她说话。"

这一巫术般的姿态是和《双峰》背后的时间逻辑相一致。即便遵循的是向前推进的电视剧叙事模式，但这部剧总是被过去缠绕，一个秘密接着一个秘密被揭开——谁杀了劳拉·帕尔默？劳拉·帕尔默又是谁？——或者为不可能重新寻回那一段失落的纯真而哀悼。在电视剧里劳拉通过间接的方式复活了——和她长相酷似的梅德琳，也是雪莉·李演的，还有唐娜戴上劳拉留下的墨镜后有一度变成一个坏女孩——她也通过直接的方式复活，也就是在《劳拉·帕尔默的秘密日记》一书里，这是《双峰》顶盛期时打造的迄今为止最耐人寻味又最让人唏嘘不已的周边产品。

这本书的作者詹妮弗就是林奇的女儿，当时她二十二岁，俄狄浦斯情结呼之欲出。《神秘日记》出版于1990年9月，《双峰》第一季和第二季之间，登上了《纽约时报》畅销书排行榜第四的位置。日记记录了近六年时间里劳拉的心路历程，从她十二岁生日那天开始——这本日记本就是父亲送她的生日礼物——一直写到她去世前几天。（她的第一本日记在电视剧一开始就被发现了，这神秘的第二本在第二季被人发现，一开始是交给那个对外界有恐惧症常年深居简出的霍华德保管的）《纽约时报》上一篇书评形容这本书是"变态版的《安妮日记》"，书里字里行间都是青少年时期被放大的饥渴和困惑。劳拉在日记里写到她第一次来月经和第一次性欲骚动的细节：在那个情欲纷纷的梦里，一个男孩进入了她的身体，然后她怀孕了，这一段可能来自《橡皮头》。我们得知她最喜欢的食物（包括玉米疙瘩汤，在电视剧里这一食物将承载神秘重要的意义，听到她说失去了她的宠物（她养过一匹小马，这或许解释了为什么帕尔默的卧室里会出现那个幽灵）。但从很早的时候——早到我们读到第二篇之后的附录的时候，"附：我希望BOB今晚不要来"——少女腔里就开始渗入了一种不安的情绪。

"现在我得长久地忘记一些事情了。"十三岁的劳拉写道。很快她就在日志里坦白她对于毒品和滥交的喜好,记述下她在树林里纵欲狂欢。十五岁的年纪,她睡过的男人就多达四十多个。"我是一个吸可卡因的瘾君子,一个跟她爸爸的老板上床的婊子,更别说整个镇上有一半人都被我睡过了。"十六岁的她写道。有的地方是在指涉 BOB,那个强奸她奚落她的恶灵,他的声音侵入她的大脑和日记本里的书页。BOB 不是别人就是她父亲里兰,这个隐匿的真相在这里几乎一目了然了。电影结尾,在有轨电车里被 BOB 捅死的前几个月里,劳拉写道:"这段日子以来,我觉得死亡就像是一个我渴慕已久的伴侣。"

2012 年,詹妮弗·林奇告诉《Vice》杂志,在她十二岁的时候,她跟她父亲一样,也幻想过有一天会意外发现"另一个女孩的日记",这样她就可以把自己的所思所感和另一个人作比较,"看看是不是她害怕的东西我也害怕,她兴奋的东西我也兴奋,又或者我是不是有点怪或跟别人不同"。在拍《双峰》的时候,林奇想起这件事,就让詹妮弗根据他和马克·弗罗斯特提供的信息(包括杀手的身份)来创作劳拉的日记。日记出版后接受采访时,詹妮弗用被人上了身来形容写作时的过程。"我真的进到了另一个人里面,"她说,"我太了解劳拉了,写的时候就像活水一样自动喷涌而出。"

就像劳拉的秘密日记一样,《与火同行》不需要像拍电视那样自我净化，遮遮掩掩，在深入她那困境重重的精神世界时，也从不避讳某些画面。这个片子是林奇和 Ciby 2000 签下的多部电影合约中的其中一部。这家电影制作公司由法国建筑巨头弗朗西斯·布伊格斯创立于 1990 年，给到林奇的预算不多，一千万美元，但他享有完全的创作自由。1991 年电视剧版被砍后没几周，电影就宣布立项了，那年秋天正式开拍。

对那些满怀期待要沉浸到《双峰》这个宇宙的观众来说，电影版那个未加修饰的开头等同于一则意图声明。随着摄影机往后拉，那一片闪烁的蓝色原来是电视屏幕上的静电，然后突然被一个工具敲成了碎片。我们看到的第一个人物，侧面有点像希区柯克，是林奇自己饰演的局长戈登·科尔，他正在联邦调查局的办公室里发号施令。《与火同行》以调查特蕾莎·班克斯的命案开头，班克斯的命案和劳拉·帕尔默相似，但要早一年。戴尔·库伯的调查将他引向越滚越大的谜团和一个带给他安慰的舒服世界，但在《与火同行》里，则是一个个走不通的死胡同，和一堆难解的标记。但跟库伯不同的是，负责这起案子的联邦调查局探员切斯特·戴斯蒙德（克里斯·艾塞克饰）是一个沉郁谨慎的人，而特蕾莎居住的那个叫鹿草地的小镇就是双峰的镜像，那片土地上有一群满怀敌意的白痴和馊掉的咖啡。特蕾莎最后一个待过的地方就是那个叫胖鳟鱼的活动房屋，那地方就像世界尽头的仓库。"我已经去过很多地方了。我只想留在属于我的地方。"失魂落魄的经理卡尔（哈利·戴恩·斯坦通饰）告诉戴斯蒙德，等于没说，除非他是在警告他——也在警告我们——接下来的故事将会出现裂隙。

开场的几场戏里充斥着各种麦高芬[1]和障眼法，仿佛是在戏仿我们期待的《双峰》和粉丝们的推理过程。那些没必要解释的东西已经被拼出来了。（"M. O.—行事方式！"科尔大喊。）基本的信息通过复杂的密码传达出来了。科尔把戴斯蒙德叫到一个机场，然后一个叫丽尔的女人突然出现在一架黄色飞机前，她是个斗鸡眼，戴红色假发，红色连衣裙上别着一朵蓝玫瑰，开始手舞足蹈演哑剧，林奇则伸出四根手指放在脸前。戴斯蒙德向一脸懵逼的拍档斯坦利（基弗·萨瑟兰饰）解读丽尔跳舞的寓意：前方有麻烦（丽尔的脸色很难看），当地权力部门（她的眼睛眨来眨去）不好对付，他们隐藏了什么东西（她那只放在口袋里的手），很可能会牵涉贩毒（她那身尺寸改过的衣服），尽管他没法解释那朵蓝玫瑰是何用意。

林奇总是痴迷于二元性，但《与火同行》是他第一部分成两半的片子。日后他会在《妖夜慌踪》和《穆赫兰道》里再次运用这一结构。第一个让人困惑不解就戛然而止的

---

[1] 麦高芬（MacGuffin），电影用语，指在电影中可以推展剧情的物件、人物或目标，例如一个众角色争夺的东西，而关于这个物件、人物或目标的详细说明不一定重要，有些作品会有交代，有些作品则不会，只要是对电影中众角色很重要，可以让剧情发展即可算是麦高芬。

镜头是戴斯蒙德发现周围的电线杆在嗡嗡怪叫，像是有不祥之事要发生，他走到那辆拖车式活动房屋下面去找特蕾莎的戒指，画面切到黑暗，就消失了。与此同时，联邦调查局的费城办公室也发生了一连串时空穿越的灵异事件。库伯在监视器上看到了自己，而实际上他显然当时不在场。从电梯里走出了大卫·鲍伊，科尔跟他打招呼，说他是失踪已久的探员菲利普·杰弗里斯。就在鲍伊开始用一口南方口音没头没尾说话的时候——他坚持说："我不想谈到朱迪。"——整个画面开始分解成一片静电，我们突然看到《双峰》里那群超自然人类（BOB，来自异域的男人，独臂男子）"在便利店上方"。来自另一个地方的男子注视着一盆玉米疙瘩汤，说那叫garmondbozia，一个让人摸不着头脑的词，字幕翻译成"痛苦和哀伤"。"我们生活在一个梦里面。"有人说。另外有个人发出声音说："电。"当我们回到费城的时候，杰弗里斯不见了，仿佛他有没有出现过都是个疑问。

在这一场莫名其妙的电力风暴过去后，已经过了半个多小时，我们终于来到了熟悉的双峰镇，但那种晕头转向的感觉依然萦绕于脑际。主题音乐依稀停止了：换成了一种更柔和更忧伤的音乐。劳拉的闺蜜唐娜看上去不一样了，实际上是由另一个女演员扮演的（莫伊拉·凯丽替代了拉腊·弗林·鲍尔，后者拒绝参演）。

两个女孩走在绿树成荫的街道上，摄像机一路在旁追随或在后跟拍,让人想到约翰·卡朋特[1]的《月光光心慌慌》以及其他恐怖片里的跟踪视角。摄影师罗恩·加西亚之前拍过电视剧《双峰》的试播样片,这次被重新召回来掌镜《与火同行》。在接受《美国摄影师》杂志采访时,他回忆说天气状况和色调很难搭配在一起。拍试播带的时候,是在冰冷的2月,灰暗多雾,加西亚用滤镜来增加温暖的感觉。而电影开拍于9月,大部分时候是在晴天拍的,这给《与火同行》增添了一分光天化日下不安恐怖的氛围。

在《双峰》里,劳拉是中心,但她是缺席的,这个电影给了她机会填补那个空白,女演员雪莉·李可以让人惊叹的力度牢牢把握住了这次挑战,按照文化评论家格雷尔·马库斯的说法,贡献了"电影史上空前绝后的表演"。就像在林奇的电影里,平行宇宙、多重自我、矛盾情绪可以共存,李从一个幻想出来的形象那里塑造出了一个前后连贯的人物,她取悦了所有人,在受害者和女英雄,无情的荡妇和迷失的少女间来回切换。吸引BOB的就是劳拉的纯真,因此她玷污了它。她跟男孩们逢场作戏,求他们拯救她,其实明知自己已经无药可救。《与火同行》揭开了BOB的神秘面纱,劳拉发现BOB不是别人,就是他的亲生父亲——电影暗示这是一个循环往复不断撕开的创伤,她学习着希望一遍又一遍将其忘却。电影里的劳拉和神秘日记

---

[1] 约翰·卡朋特(John Carpenter, 1948—),美国恐怖电影大师,代表作《怪形》《妖魔大闹唐人街》《月光光心慌慌》《战栗黑洞》等。

里的女孩如出一辙,作准备的时候李读了这本日记,尽管林奇自己可能没有读过。在 2013 年的粉丝网站上的采访里,詹妮弗·林奇说:"说真的,我想我父亲可能没有读过那本日记——这完全在意料之中,但也有一点感伤。"

《与火同行》在戛纳首映时,就像一位美国影评人说的,观众"像被榨干了糟圈了"。在记者会上,林奇一个接一个地回答困惑不解的问题。一个记者指责说林奇有一段清教徒式的过去。其他人问起电影里的暴力、对吸毒和性虐的描写。林奇则一贯守口如瓶:"如果我们想让任何人舒舒服服的话,可以去拍一部关于缝纫的片子,但即便那样也可能是危险的。"电影上映三个月后,如潮的恶评较《沙丘》有过之而无不及。"这不是有史以来最糟糕的电影。它只是看上去比较像而已,"文森特·坎比在《纽约时报》的一篇文章里写道,"这一百三十四分钟给人一种模拟脑死亡的感觉……"昆汀·塔伦蒂诺这个人有什么话从来不憋在心里,他告诉采访者:"大卫·林奇消失得太他妈远了,如果我没听到不同的东西,我以后都不会有欲望再看任何一部大卫·林奇的电影。"《与火同行》遭遇商业惨败,全美票房还不到预算的一半。

电影版的剧情比电视剧版更灰暗,但这对于电影的票房前景于事无补。劳拉死于亲生父亲里兰之手,这一真相让人不寒而栗,但同时多多少少也被解释成他的所作所为是因恶魔附体:是 BOB 驱使里兰这么做的。当警长杜鲁门质疑这一超自然的说法时,库伯探员回答说:"一个人会强奸并杀害自己的亲生女儿,这更容易让人相信?更让人感到安慰吗?"《与火同行》倾向于让我们相信另一种不那么让人感到安慰的说法。BOB 和他那些鬼魅般的团伙在电影里飘来荡去,但从劳拉家里的戏来看,那种粗粝的情感现实主义的画风都让人觉得,BOB 很可能是劳拉自己的投射,是对百思不得其解的真相的防御机制,而不是真有一个恶灵在控制他父亲。这种暧昧的张力在林奇日后那些烧脑电影里会居于特别核心的位置,那些电影讲的是都是另一重自我的困惑,一个角色结束的时候,他另一个自我就开始浮现了。

《双峰》系列一直围绕近来大众文化里这个最有名的死去的女孩做文章,林奇对于女孩的刻画自然成为争论焦点。第一季热播之后,《Ms.》杂志发表了一篇题为"林奇化女性"的文章,作者是评论家黛安娜·休谟·乔治,她自称自己也是这部剧的粉丝,但反对剧中体现出来的那种"卑躬屈膝"的性政治。她认为:"这个少女惨遭强暴被残忍杀害的时候,观众和创作者也是同谋。"爱伦·坡认为"一个美丽女子之死无疑是这个世界上最有诗意的话题"。《双峰》系列电视剧或许与这种观点不谋而合,但这么说《与火同行》是不公平的。李扮演的劳拉还是生龙活虎的。有的人指责这部电影就像残忍的掘尸,让劳拉复活只是为了再次将其杀害,但林奇的意思是要向我们展示她是怎么生活的,她经历了什么。按照大卫·福斯特·华莱士的说法，她从客体到主体的转变是"林奇电影里最有道德野心的一次尝试"。

林奇一直表示《与火同行》在票房和口碑上的惨败对他影响甚微。与《沙丘》不同的是，这就是他想拍的电影。岁月也待它不薄——很少有电影会经历如此彻底的评价反转。对林奇来说，整个《双峰》系列计划就是一个实验室，他在那里试验出了一些想法，这些想法定义了他日后的作品。林奇不是天生最会讲故事的导演，在这部电影里他在叙事限制和叙事结构上进行了尝试，为了努力解决这一难题，他需要让这个故事延续，把这个谜团扩大。同时他也尝试了更直接的情感表达。仿佛林奇在双峰镇待了足够久的时间，他得以把这个故事简化成一系列最基本的要素。徘徊良久的就是那个来自另一个地方的人所说的 garmonbozia：痛苦和悲哀[1]。

---

[1] 此处指的是《双峰》里那个恶灵的食物，恶灵以人们的悲哀和痛苦为食。

10 坏思想

《双峰》的内爆和《我心狂野》《与火同行》造成的一个接一个的失败标志着林奇短命的商业潜力就此告一段落。失去了电影工业的宠幸，他也稍许淡出了公众视线。与伊莎贝拉·罗西里尼分开后，现在他跟玛丽·斯威尼走到了一起，斯威尼从《蓝丝绒》的助理剪辑，到后来制作剪辑了多部他的片子，一直与他并肩作战。1992年他俩生了一个儿子赖利。从专业的角度，在《与火同行》之后，林奇仿佛"觉得黑云滚滚而来"，好几年里都未曾消散。那是一段灰心丧气的日子，计划一个个石沉大海，但回过头来看，那也是一段凤凰涅槃的岁月——仿佛所有错误的开端只是为了帮助他更看清自己的目标和感觉到底是什么样的。

《双峰》之后，林奇和弗罗斯特又合作了《正在播出》，该剧于1992年6月在美国广播公司首播，距离《与火同行》在戛纳电影节上被喝倒彩刚过去一个月。这是一部没有笑声音轨（在当时还很少见）的情景喜剧，讲的是《李斯特·盖伊秀》台前幕后的故事——这是佐布洛特尼克广播公司 1957 年推出的一档直播综艺节目。美国广播公司签下了七集，这部剧相当于艾森豪威尔时代的《我为喜剧狂》[1]，至今还是林奇尚未完全拍完的几部喜剧之一，也是他唯一一部美国背景的年代戏。许多笑料都来自于语言上的荒腔走板（这档节目的导演说话有浓重的口音，不时需要人翻译）或广播公司经理的迟钝愚蠢（对此，林奇和弗罗斯特当时再清楚不过）。这一喜剧模式是下里巴人的荒诞主义：安琪拉·巴达拉曼提怀旧的萨克斯主题音乐悠然响起，不时插入一阵响亮的放屁声。三集播出后就被美国广播公司砍掉。直到今天，《正在播出》也只发行过日文版的镭射影碟。没有播出的最后一集由林奇和罗伯特·恩格尔斯共同编剧，杰克·菲斯克执导。最后一个片段里报菜名一样搬出了曼雷、杜尚等大咖的名字，掉进了一种超现实主义味道十足的氛围里：一个"没有名字的女人"穿着黑色紧身连衣裤，说自己是"市中心来的披头族"，领着一班剧组和演员，纵情尬舞，莫名其妙的高潮一幕是一只戴着眼镜的狗在打手鼓。

第二年林奇又在电视领域搅了一趟浑水，拍了三集 HBO 的混合剧集《宾馆客房》，剧本都出自巴里·吉福德之手。三集独立的故事场景分别设置在 1969、1992 和

---

[1]《我为喜剧狂》(*30 Rock*)，2006 年首播的情景喜剧，讲述了一个叫《女孩秀》的节目台前幕后的故事。

1936年，都在纽约城一家铁路旅馆里的603房间。每一集的开头林奇要说上一段一本正经面无表情的解说词："一千年来，旅馆房间这个空间一直存在，却无人问津。人类捕捉到了它，赋予了它形状，经过它身旁。有时，在经过的时候，他们发现自己意外地抖出了一个惊天秘密。"评论家对这部电视剧一片口诛笔伐，观众也寥寥无几。

但林奇继续写剧本：完成了一部剧本《牛的梦》，一个荒诞主义闹剧，讲的是三个昔日牛仔的男人的故事（与罗伯特·恩格尔斯合作完成），这个剧本加入了那个长长的林奇未完成喜剧的名单。他还想改编卡夫卡的《变形记》，把背景移植到二十世纪中叶的美国，这篇小说一直是检验创作者功力的试金石。但筹来的资金不足以拍一部电影，林奇只能忙着接零活。他给迈克尔·杰克逊的专辑《危险》拍过宣传片，给一款叫 Alka-Seltzer 的苏打水弱碱泡腾片、阿玛尼香水及一个日本咖啡饮品品牌拍过广告。自从在美术学院就读以来，他也一直有一搭没一搭地设计着家具，1997年的米兰国际家具展展上，还展出了部分作品，包括意式咖啡桌、摇椅和钢桌，都是用染色的钢和松木做的。这些桌子通过一家瑞士设计公司出售，标价一千五百到两千美元不等。

1995年5月，《纽约时报》又盯上了林奇，注意到"大卫·林奇有阵子没什么动静了"。"我一直在做许多不同的事情，"他解释说，"在找能让我爱上的东西。"他还把注意力投注到绘画领域，在洛杉矶和东京办展览。如果说随着时间的流逝，林奇的电影调性越来越繁复，扭曲了既定的真诚和反讽的分类，为它们赋予新的感情色彩的话，那他的绘画作品则恰恰相反。他过去二十年里创作的大型油画力图追求一种刻意的幼稚风格，也就是法国画家让·杜布菲所说的**涩艺术**[1]（或原生艺术），据说自学成才非科班出身的人更能进入无意识的领域。那些画作包裹着层层粗粝的厚重色彩，有时用手直接抹上去，有很多描绘的是暴力的场景，往往是纵火或性交的画面，背景里是一片原始的污泥废墟。林奇经常说他想咬他的画，甚至他最早的油画也是有粗糙纹理的，结合了烟蒂和马毛这样的材料。1990年代初，他作品的触感更强烈，你会意外发现上面遍布着铁丝网，或一只鸡爪从帆布里伸出来。

这些画作以及《我心狂野》《与火同行》里透露出来的残酷生猛气息或许是理解林奇思维的线索，这个世纪已经进入最后十年。1992年3月接受克莉丝汀·麦凯娜采访时，他说："在我们这个时代，你真的可以画出那些高大邪恶的东西，他们在夜里奔跑，呼啸而过。"一个月后，洛杉矶爆发了自1960年代以来最大的骚乱，起因是涉嫌殴打罗德尼·金[2]的四名警察被判无罪，而这起事件明明被摄影

---

[1] 涩艺术是指非艺术领域的人们创造出来的艺术作品，特别是指未受训练的人或精神病患所画的粗糙、不熟练，甚至粗鄙的作品。
[2] 罗德尼·金（Rodney Glen King, 1965—2012），非裔美国人，1991年3月3日，因超速被洛杉矶警方追逐，被截停后拒捕袭警，警方用警棍暴力制服他。

机拍下,证据确凿。那十年,林奇还失去了几位亲密的合作伙伴。1994年,阿兰·斯普奈特死于癌症(斯普奈特的部分骨灰埋在林奇工作室的调音台下。)1996年的一天,杰克·南斯在一家甜甜圈店与人发生争吵,之后因头部受伤不治,不幸逝世。这时林奇的电影发生了断层,形式发生了变化,更趋近于无意识的逻辑。《蓝丝绒》和《双峰》是侦探故事,但从现在开始,观众变成了侦探,而银幕上的谜团依旧无解。

从1992年的《与火同行》到1997年的《妖夜慌踪》这五年时间里,林奇只拍了一部勉强可以算电影的片子。那部片子不到一分钟,是用一台一百岁的老爷摄影机拍的。回溯电影的源头,也预示着将要出现新东西了。

1990年中期,电影将迎来百年华诞,对于一种艺术形式和技术来说,这是一个焦虑不安的时刻,因为许多东西从一开始就注定要灭亡。路易斯·卢米埃尔和他的兄弟奥古斯塔·卢米埃尔研制出了第一台活动电影机,在1985年公开放映了他们制作的第一部电影。路易斯称电影是"一项没有未来的发明"。几乎在整整一百年里,电影一直被人说成是一种正在死亡的媒介,先后受到有声片、电视、家庭录像和电子科技的威胁。许多最伟大的创新者都煞有介事地宣告过它的衰亡,革命性的大师、苏联蒙太奇奠基人吉加·维尔托夫[1]早在1920年就给之前的电影判了"死刑",指出它不过是文学和戏剧混合的产物,是"外部的东西"。崛起于1960年代的法国和日本新浪潮电影人也以离经叛道的挑衅姿态完成了弑父。

但是随着电影百年的迫近,1990年代的末世预言显得尤为迫切。苏珊·桑塔格,这位与1960年代的现代主义艺术电影联系最紧密的批评家,发表了一篇文章哀悼迷影的衰亡,所谓迷影就是对于电影全方位的疯狂迷恋,这种迷影情结曾滋养过她那一代文化人。法国电影导演克里斯·马克曾颇有预见性地指出电影是二十世纪的艺术,到了1990年代,他一口咬定"电影不会迎来第二个百年"。在我们眼前,电影正在转化成另一种东西。由于电脑制造的幻象和动画的风靡,电影画面和现实之间的天然联系难以为继。在所有方面,从制作到上映,数码科技已经蓄势待发,取代模拟技术,虚拟取代实物。电影的未来很可能意味着未来没有电影。

不论对于乐观主义者还是悲观主义来说,电影百年都是一个审时度势的时机。英国电影学会委托马丁·斯科塞斯、斯蒂芬·弗雷斯、大岛渚等世界著名影人拍摄一部系列纪录片,以个人的视角对各自国家的百年电影历程进行回顾。同时,一群包括拉斯·冯·提尔、托马斯·温特伯

---

[1] 吉加·维尔托夫(Dziga Vertov, 1896—1954),苏联导演、电影理论家,苏联纪录片奠基人之一。

格在内的丹麦导演联合发表了一份回归基本原则的宣言，即"道格玛95"，呼吁电影人遵循"纯洁誓言"——摄制必须在故事的发生地完成，用手提摄影机拍摄，取消无声源音乐或闪回——通过这样的方式净化电影这一艺术形式。另一个更雄心勃勃的百年纪念计划集齐四十位名导演，包括维姆·文德斯、斯派克·李、阿瑟·佩恩、约翰·保曼和大卫·林奇——合拍一部题为《卢米埃尔和四十大导》的纪录片，每位导演要用卢米埃兄弟制造的世界上最古老的摄影机拍摄一段五十二秒的短片。

卢米埃尔兄弟最早期的电影都是对日常事件的记录，也就是所谓的"实况电影"——火车进站，工人下班离开工厂——这些画面惊到了观众，因为他们此前从未看到过会移动的影像。参与拍摄《卢米埃尔和四十大导》的导演按要求要像引领先锋的电影人那样，必须在相近的技术条件下进行拍摄，不能同步录音，没有剪辑设备，只能用少量胶片，最多不超过三个镜头。不管他们想要怎么剪，都必须在"摄影机内"完成，这也就意味着电影必须要在一个精确的片段内设计和拍摄。面对严苛的限制，许多导演的应对方式就是拍出卢米埃尔风格的简单实况：一个镜头，固定摄影机，有限的时间决定了剧情。斯派克·李的镜头一直对着一个婴儿，直到他说话，伊朗导演阿巴斯·基亚罗斯塔米拍的是煎鸡蛋。到目前为止，林奇交出的短片是最复杂的，从一个完全想象出来的意象纷飞的梦中变出一个缤纷世界,甚至或许是好几个世界。

这个题为《不祥之兆》的短片共由五个镜头组成。公园里三个警察走向一具躺倒的女尸。然后黑屏了几秒。一个穿围裙的女人坐在沙发上看向另一边。黑屏之后是一个可能从默片里来的场景:一个穿长裙的女子从床上站起来走近镜头——床上另外还有其他两个女人——在我们还没搞明白发生了什么之前,画面已经被喷薄而出的白光和浓烟遮满。下一个场景更奇怪也更让人有不祥之感:几个头长得像球一样的人围着一个水缸里的裸体女人,拿金属物体撞击。摄影机移开,就在我们还没弄清楚这个诡异场景的时候,一团火升了起来,把我们带到了一个客厅里,那个穿围裙的女人站起身来,警察来到了门口,现在她丈夫也清晰可见了。

在这个向卢米埃尔兄弟致敬的合集里,其他导演都拍出了独特的甚至是自我指涉的短片——文德斯的短片是在向他自己的《柏林苍穹下》点头致意——但没有一位导演像林奇一样如此淋漓尽致地呈现出自己的标签特征。《不祥之兆》令人吃惊地提炼出了林奇主义的情绪和主题:刚开始的恐惧,性的威胁,戏剧化的恐慌,坏消息降临的家——都在一分钟里悉数呈现。场景的突然变换是这部短片之所以神秘不安的主要原因。怎样的事件联系和因缘际会把这些分离的场景联系到一起?它们存在于一个平行的现实之中吗?仅从短片的名称来看,时间流动和因果关系就已经被打乱。(难道预兆不应该是发生在某事之前而不是之后吗?)《不祥之兆》为林奇后半部分的职业生涯奠定了基调。除了《史崔特先生的故事》是例外,他所有此后的剧情片的显著特点都是打乱时空秩序。《妖夜慌踪》《穆赫兰道》和《内陆帝国》有时被称为林奇的洛杉矶三部曲。尽管这是唯三的几部以他第二个家乡为故事发生地的电影,更确切地说,还是应该把它们看成发生在林奇式的多重宇宙里的故事。

林奇的复出之作——他的法国金主 Ciby 2000 答应提供资金支持——就是与吉福德一起编剧的《妖夜慌踪》。自从《我心狂野》之后,吉福德就成了林奇的老熟人,偶尔也是他的编剧拍档。作为黑蜥蜴出版社——这是一家活跃于1980 年代的出版社,总部设在伯克利——的创始编辑,吉福德在恢复吉姆·汤普森、大卫·古迪斯[1]等下里巴人小说家的声誉方面功不可没。上述作家小说里的比喻在林奇这里被发扬光大,制造出了陌生效果,最终打造出了一个扭曲、抒情黑色电影风的美国。林奇宣称,在读吉福德的小说时"就像在天下大乱之前看到了伊甸园",让你不禁好奇林奇究竟读过多少他的作品:在吉福德笔下的世界里,一切往往瞬间就会变得阴森恐怖,状况频出。林奇选择了

---

[1] 两人都是犯罪小说作家。

吉福德1992的小说《夜人》，有意改编成电影剧本——他告诉吉福德他女儿詹妮弗想扮演书里的女同性恋杀手一角。但当两人坐下来开始写的时候，两个人都决定他们最好还是合作写一个原创剧本比较好。

跟林奇其他电影一样，《妖夜慌踪》的开头也是一连串看上去互不关联的画面和对白。他从《夜人》里抓来一句台词："我们不过是一对阿帕奇夫妇，疯狂地行驶在迷失的高速公路上。""迷失的高速公路"这个说法让他欣喜欲狂（显然他没有留意到汉克·威廉姆斯[1]唱过一首同名的歌）。"它让我做梦，它暗示着无穷的可能性。"他说。《妖夜慌踪》保留了《夜人》里的一句台词（"你和我，先生，我们可以让这些狗娘养的出丑，难道我们不能这么做吗？"），片中最关键的情境就是卡夫卡式的变形戏码。但林奇说，那个让人兴奋不解的情节发展点是在拍《与火同行》最后一天来的灵感：主人公收到一盒神秘录影带——是在他自己的房子里拍摄的，记录着他自己的生活画面。

弗洛伊德把神秘怪异定义为一种特定的陌生和熟悉的混合，一种掺杂着诡异又或许是熟悉的不安感，"本当隐藏起来，但现在暴露在光天化日之下"。这个词在德语里是unheimlich，可以翻译为unhomely[2]。美国建筑史学家、批

---

[1] 汉克·威廉姆斯（Hank Williams，1923—1953），美国乡村、民谣歌手，词曲作者。
[2] 原意为不在家，但此处是指熟悉的反义词，意为"陌生的""诡异的""神秘的"。

评家安东尼·维德勒在爱伦·坡和 E. T. A. 霍夫曼的作品里，发现"安全的家居内部和恐惧的外部势力入侵这一对比"。这部电影很符合这个说法，家庭空间暗藏杀机，可怕的力量伺机入侵，这是它能把林奇式的感觉一股脑儿地移植到一个神秘空间里的前提。同样相称的是电影里的那个家就是林奇自己的。

自从 1986 年的《蓝丝绒》之后，林奇一直住在比弗利山庄的约翰逊大楼，这栋粉色混凝土结构建筑是由弗兰克·劳埃德·赖特[1]的大儿子小赖特设计的，大约建于 1963 年。这栋建筑深藏在好莱坞山的峡谷里，边上就是穆赫兰道。这栋水平现代主义的盒子还带一点玛雅文化的装饰风格。最醒目的花式装饰就是丁香花粉泥外墙，还有一排排波浪花纹，暗示的是一棵松树的造型——对于林奇这是一个恰到好处的象征，他就是伐木工的儿子。当林奇有了一个带游泳池的房子后，他雇了建筑师小赖特的儿子埃里克帮他父亲监督房子的建造。1990 年代，林奇扩大了他的宅邸，收购了相邻的两栋楼。一栋楼兼作他的制作办公室，另一座房子后来改造成了一个制作基地，里面有录音室和剪辑室，也就是《妖夜慌踪》里那栋房子。为了拍这部片子，他对房子进行了改造，在外面加了垂直老虎窗，

---

[1] 弗兰克·劳埃德·赖特（Frank Lloyd Wright, 1867—1959）：美国著名建筑师，代表作流水别墅等。

并且延长了内部走廊的长度，这样方便在漆黑一片的隧道似的长廊里反复拍推拉镜头。

《妖夜慌踪》是对他创作的基本原理的回归。自《橡皮头》之后，林奇没有一部电影的故事是如此彻底地从人脑里的想象发展出来的。这部片子里的人脑是一个名叫弗瑞德·麦迪逊（比尔·普尔曼饰）的郁郁不乐的爵士萨克斯管乐手，他陷入了一种日益严重的妄想狂状态，怀疑他那个无精打采的妻子蕾内（帕特丽夏·阿奎特饰）给他戴绿帽子。电影过去一个小时后，那个脑袋就换了主人：弗瑞德被控杀妻，但莫名其妙地就在我们眼皮底下变成一个更年轻的男子彼得（巴萨扎·盖提饰），他和一个长相酷似刚死去的女人的金发女郎（也是阿奎特饰演的）有了私情。

电影的结构就像一个莫比乌斯环。起点也是终点，当它完全变成一个圆圈的时候，内部也翻了出来。开头的那句台词——"迪克·劳伦特死了"，弗瑞德在他家的内部对讲机上按下倾听键的时候，一个来源不明的声音说出了这句话——也是结尾时的台词，这一次是弗瑞德在他家外面对着内部对讲机讲的。发生在这两句互为镜像的台词中间的剧情里，人物变成两面，视角颠倒。仅就外表来说，方下巴的普尔曼很符合林奇心中的男主角人选的样子，之前他为人熟知的角色主要是那些浪漫言情剧里的小白脸角色（他也在前一年那部讲述外星人入侵地球的大片《独立日》里扮演过美国总统）。但弗瑞德——闷闷不乐，两眼无神，甚至都不会发火——跟普尔曼惯常的那些俊俏小哥形象相去甚远（跟凯尔·麦克拉克伦那种打鸡血的形象也大相径庭）。阿奎特当时刚嫁给《我心狂野》里的男星尼古拉斯·凯奇，在这部电影里扮演了一个荡妇，这一角色跟她的荧幕形象也很有违和感，她从没演过这类角色。在这部电影里，阿奎特几乎脱胎换骨，而且林奇还用大量特写镜头拍摄她扮演的两个角色的身体，将其碎片化。

在论文式电影《洛杉矶影话》里，历史学家、导演汤姆·安德森注意到洛杉矶那些光鲜亮丽的现代主义风格房子一直以来都是电影里坏蛋们的首选居所。弗瑞德和蕾内那栋极简主义风格的房子不仅仅是罪恶的能指，而且是藏污纳垢之地。当他俩在住所门前和屋子里接连发现录像带的时候，麻烦就开始了。电影前三分之一——几乎没有几句台词，沉浸在黑暗之中，主要的戏就是在稍事装修的房间和不知通往何方的走廊里展开——探讨的是惰性。电话铃声响起，无人接听，人物说着百无聊赖的单调对白。背景声在令人窒息的寂静和熟悉的林奇式沉闷间交替，房间的色调仿若来自鬼门关。电影仿佛是要从这种萎靡不振，从这筋疲力尽又不堪重负的婚姻中沉沦下去——又或者这个世界的压力即将让它山崩地裂。

大部分林奇后期的作品都至少在两个现实世界间游走，而且大部分不祥的预兆都来自于恍然大悟那一刻——比如电影里的人物与观众们猛然意识到，世界即将改头换面。

在《妖夜慌踪》里，最恐怖的预兆出现在那个所谓的神秘人登场的那一刻，这个人物是由罗伯特·布莱克饰演的，他最负盛名的角色就是根据《冷血》改编的同名电影里那个杀人犯，以及1970年代风靡一时的警匪剧《巴雷塔》。在一个好莱坞山的泳池派对上，当轻爵士版的经典四号[1]创作的那首《幽灵》响起时，一个小矮个男子走向弗瑞德，只见他面如白色煎饼，双唇鲜红。他说的每一句都对弗瑞德的时空感知构成了挑战："我们见过，对吧？""在你家，你不记得了？""实际上，我现在就在你家。"弗瑞德那句一脸狐疑的回答——"太疯狂了，老兄——"促使这个神秘男子拿出了一部手机。弗瑞德往家里打了电话，当然，神秘男子接起了电话，即便他此刻正站在面前，微笑着说："我告诉过你我在这儿。"

那些年里，林奇电影里的坏人变得越来越像幽灵，从《蓝丝绒》里那个有血有肉的弗兰克变成了妖怪一样的BOB和神秘人。但所有这些坏人都拥有他们本不该拥有的知识，以此作为威吓的武器。就像林奇在谈到弗兰克时所说的："让人恐惧的是他知道你的电话号码，他似乎还对你了如指掌，不管那是想象出来的还是确有其事。"这个神秘男子就是典型的林奇主义式的人物，一个来自另一个地方的人，盘踞在不同维度间的入口。他或许还是——就像他自己暗

---

[1] 经典四号（Classics IV），美国摇滚乐队。

示的——弗洛伊德所说的无意识的投射:"是你邀请我来的,我不会不请自来。"

遇到那个神秘男子之后,弗瑞德发现了最后一盒录影带,他看到自己就在蕾内被肢解的尸体旁。他被控杀妻之罪,关进死囚室,深受头痛之苦,直到最后都痛着——他的脸开始模糊,像一幅弗朗西斯·培根的油画——他就变成了彼得·戴顿。彼得是一个汽车修理工,和父母住在圣费尔南度谷郊外。《妖夜慌踪》下半部就像是被记起一半的《蓝丝绒》,是从前面这部电影的幻影中拼凑起来的。就像杰弗里追求桑迪和桃乐丝一样,彼得既和一个和他年纪相仿的女孩(娜塔莎·格雷格逊·瓦格纳饰)约会,又和年长于他的性感炸弹打得火热。和《蓝丝绒》里的桃乐丝一样,阿奎特扮演的神秘女郎也被一个脾气暴躁的老妖怪缠上了,这一次是一个黑社会老大埃迪(罗伯特·劳吉亚饰),他硬要拉彼得出去兜风飙车。就像杰弗里,彼得也意外发现了一个他无力理解的地下世界,这一次是圣费南度谷欣欣向荣的地下色情工业(同年,保罗·托马斯·安德森在《不羁夜》也记录了这一主题)。而且同《蓝丝绒》一样,这部电影也带有一丝俄狄浦斯情结,一个年轻后生和一个父辈老鬼争夺同一个女人。

吉福德知道,与林奇过去任何一部电影相比,他的黑色电影——他出版过一本专门讲黑色电影的书——以及《妖夜慌踪》打着更多经典好莱坞电影里的幽灵的烙印。阿奎特饰演的金发女郎爱丽丝就像《双重赔偿》里的芭芭拉·斯坦威克。那个在熊熊大火中灰飞烟灭的小木屋会让人想到《死吻》[1]（1955）里的关键场景。蕾内在描述他们的房子时说的那句"在天文台附近"则会让人联想起1950年代青年文化的代表作《无因的反叛》（1955），一堂关于气象的自然科学课正在戏里的格里菲斯天文馆上演。（格雷格森·瓦格纳就是《无因的反叛》女主角娜塔莉·伍德的女儿。）《妖夜慌踪》还与埃德加·G.乌默的小成本[2]经典《绕道》有几分关联，那部戏的开场也是在荒漠公路，也有一个道貌岸然的音乐家卷入谋杀案，从头到尾原不过是噩梦一场。

在希区柯克的《迷魂记》里，双身的主题被玩得出神入化，林奇也运用得流畅自如，但在《妖夜慌踪》这部戏里便失去了控制。电影的主要人物化身为两人，欲望的对象也是两个人。我们发现埃迪也是迪克·劳伦特。场景和情境都神似梅雅·黛伦和亚历山大·罕密德那部十四分钟的短片《午后的迷惘》，这是一部影响深远的先锋电影，一部迷你版的超现实主义杰作，长相酷似的人物一个接一个出现，梦境里套着梦境。林奇声称他从来没看过这部片子，但两部电影却神秘地相似：甚至弗瑞德和蕾内的客厅下面

---

[1] 《死吻》(*Kiss Me Deadly*)，美国黑色电影，罗伯特·奥尔德里奇执导。
[2] 原文为 Poverty Row，是1920年代到1950年代中期的好莱坞俚语，指的是一些小型的B级制片厂，不一定指向某个特定的地方，泛指当时的小成本电影。

那条街都与黛伦和罕密德那座好莱坞山上的小平房如出一辙，《午后的迷惘》就是在那个房子里拍的。

评论家帕克·泰勒注意到许多二十世纪中期的美国实验电影，包括《午后的迷惘》在内，"行为都发生在梦里，演员都是梦游者"。历史学家亚当·西特内后来把这些电影都归类为"恍惚出神的电影"，这类电影都力图捕捉或有时则唤起一种超越日常理性和意识的经验。这一说法适用于很多重要的先锋主义作品——肯尼思·安格、斯坦·布拉哈格和其他人的作品——但像《妖夜慌踪》这样包裹着一层商业片叙事外衣的"恍惚出神的电影"却实属罕见。这部电影那种似梦非梦的特质部分来自于其模糊性和具体性的并存。画面一遍遍跌入黑暗，昏昏欲睡的约会，漫无目的的电话，所有这一切互相渗透，即便人物走入那些醒目的幽会房间，说着明确的私通地址（霍利斯街、嘉兰大道、深谷旅馆）。在林奇的电影里地点都有异常明确的标记——从电影名称（《双峰》《内陆帝国》）来看就很明显，还有《蓝丝绒》《穆赫兰道》里街道标志的特写镜头——但这些很少帮助观众建立明确的方位感。更有甚者，随处可见的地名标志反而让最后的晕头转向更加不安。（林奇自己说话的时候也会发生这样的情况——他的习惯是常常不知所云地说了一大堆，很多具体的日期和人名镶嵌其间。）

与其精神分裂的主角相一致的是，《妖夜慌踪》是一部走极端主义路线的电影。时而是笼罩一切的黑暗，瞬间又变成一片熊熊烈火曝光过度的煞白。时而是一潭死水的空气，时而又是九寸钉和战车等工业金属乐队极具进攻性的背景音乐。（休克摇滚音乐人玛莉莲·曼森也在片中客串出演了一个色情片男优，当时他正红透半边天。）一切都险些发生，那种梦幻的感觉，是和电影里的不同媒介紧密相关的。从开头对讲机里那句话开始——林奇说他是原样照搬了他亲身经历的事件，他自己也无法解释清楚原由——电影里那些起到关键作用的启示性的节点都发生在一个又一个媒介：电话、照片、录像带和摄像机监视器，这或许可以解释为什么弗瑞德对记录设备心有余悸。摄影机不光不会撒谎，它们还有一种让人毛骨悚然的能力，可以揭露隐藏的冲动和没有说出的真相。

就像《橡皮头》，《妖夜慌踪》里的幽闭恐惧氛围是和男性性焦虑联系在一起的。林奇后来解释说电影的基本动力——凶杀的嫉妒和压抑的内疚——源自于他对于辛普森案的迷恋，这个案子在1990年代是大报小报争相报道的对象。在为法国版光碟发行所做的访谈里，他说道："这个人——至少我相信，你懂的——犯下了两项谋杀案，还能继续心安理得地活着，还能谈笑风生，打着高尔夫……他是怎么抵挡住这个事件的影响的？"《妖夜慌踪》的循环结构延伸到了电影之外：2001年5月，罗伯特·布莱克因涉嫌杀害妻子邦妮·李·巴克雷被捕，他妻子被人连开多枪死在车里。就像辛普森一样，在刑事审判时他被发现无罪，后来则被证明是民事案件中的误杀。(另一桩好莱坞杀妻案也似曾相识:《绕道》的男主角汤姆·尼尔被控杀妻,后被判过失杀人。)

林奇在访谈里提到辛普森,这非同寻常,证明林奇承认他的作品和当下事件是有关联的。他许多电影都以或隐或显的方式呼应了特定时代里更大的力量。《蓝丝绒》通常被称为是一个典型的 1980 年代文本,深刻反映了后现代的焦虑和里根时代脆弱的乐观主义。《双峰》和《妖夜慌踪》无疑可以看成 1990 年代的象征,代表了新千年前夕美国社会的状况。林奇职业生涯中"愁云惨雾"的那个阶段也正好是多事之秋的十年,蒂莫西·麦克维[1]、大学航空炸弹客[2]的爆炸案,大卫教派[3]和天堂之门[4]的迷信,辛普森案和梅内德斯兄弟[5]案的庭审直播,这一切都发生在那个年代。忏悔文化和日益加速的信息时代为末世论创造了温床。伴随二十世纪末的恐慌而来的是新型的创伤和记忆,新的理解我们碎片化的现实和分裂的自我的方式。历史学家伊莱恩·肖沃尔特发明了 hystoris 一词来描述潜伏在二十世纪

---

[1] 1999 年,美国人蒂莫西·麦克维在俄克拉荷马城投放了一颗汽车炸弹,造成了一百六十八人死亡,六百人受伤。
[2] 指的是希尔多·卡辛斯基,伯克利大学数学系助理教授,蒙大拿州的隐士。他还有另外三重身份,十七年连环爆炸案的主谋、恐怖分子、反科技"斗士",联邦调查局管他叫"大学航空炸弹客"(Unabomber, 意为 University、Airline、Bomber 的组合)。
[3] 大卫教派,美国邪教组织,大肆宣扬世界末日论、禁欲主义,造成恐慌。
[4] 天堂之门,美国邪教组织,认为地球和地球上的一切都将循环至彻底清零的状态。
[5] 1989 年,莱尔·梅内德斯和埃里克·梅内德斯两兄弟在他们位于比弗利山庄的住宅内谋杀了他们的父母。

末期"歇斯底里流行病"之下的叙述。按照她的说法，这类叙述可以从慢性疲劳综合征一直延伸到外星人绑架。新的癔症性精神障碍被收录进《精神障碍诊断及统计手册》，如果这些歇斯底里症的爆发是某种传染病的话，主要传播介质就是日间脱口秀节目和流行文化的想象。

林奇大部分后期作品都可以读成后创伤式叙事。在《与火同行》里，劳拉·帕尔默发现强奸她的人就是她父亲，这一让沉埋已久的记忆再度激活，这是1980年代以及1990年代早期的一种流行病状，往往涉及到童年时期被性侵的经历。（很快这也变成有争议的话题，因为关于错误的被篡改过的记忆反诉出现了。）关于《妖夜慌踪》的媒体报道暗示了一种诠释路径，弗瑞德的状况被形容成一种"心因性神游"，按照《精神障碍诊断与统计手册》的描述，这种病症的一大特征就是"突然没有征兆地离开家到外地旅行……没法回忆起自己的过去"。（林奇和吉福德声称他们从来没有听过这个术语，直到有一天一个宣传人员告诉了他们，才引起了他们的注意。）弗瑞德莫名其妙地以彼得的身份再生，同时也暗示了这是一种多重人格，在1990年代的案件中，它作为一种法律辩护也越来越为人所接受。

《妖夜慌踪》标志着林奇重返影坛，但这算不上一部因循守旧的复出之作，不打算像流行趣味或行业期待让步。这部电影不是在万众瞩目的戛纳电影节上首映的，而是在1997年1月的圣丹斯电影节，那儿没有那么大的得失心，第二个月就匆匆进了院线。评论充其量好坏参半——《综艺》杂志指责说这是一部"设计师黑色电影",《洛杉矶时报》为它"华而不实的虚无主义"而惋惜——但如《与火同行》遭遇到的尖锐恶评几乎没有。事后来看,这部电影看上去就像一个转折点。用梅雅·黛伦描述《午后的迷惘》时说的,《妖夜慌踪》"把内心状态外化到了内外混为一体的地步"。这也标志着林奇后期的极端表现主义的开始。

如果林奇后半段电影生涯有一个单一的主导的主题的画,那就是思想的力量可以改变世界。在一项 1909 年的研究中,弗洛伊德写到一个被他称为"鼠人"的病人,这个人相信"思想是全能的",他能凭借自己的能力,通过其心理过程改变现实。这种神奇的想法很符合林奇镜头下的世界,生存和意识的事实都能成为恐惧的来源。在他的视觉艺术里,思想的危险性是一条反复出现的线索。在一张 1988 年的照片里,是一座名为《男人在思考》的小雕像,用嚼过的口香糖做成的人头。在 2000 年的油画《雷德曼先生》里,刻画的是同名的人物和 BOB 的暴力对决,BOB 很可能就是《双峰》里的那个——题词上写着献给"任性的建立在无果的思考之上的活动"。在 2013 年的一幅叫《我正从你家里逃出来》的画里,一个男子一脸惊恐,身后一片寓意不祥的红云,上书"坏思想"两个词。《橡皮头》《蓝丝绒》和《双峰》里有的恐惧或许来自于片中人物病态的心灵。在《妖夜慌踪》以及之后的作品里,坏的思想变得愈发强大。世界变成一个噩梦,表现的是日益失去控制的意识。

林奇下一部电影《史崔特先生的故事》在他的作品序列里非常突兀,主要有以下几个原因。这是唯一一部他没有编剧或合作编剧的作品,也是唯一一部被划为 G 级的电影,老少咸宜。这部电影改编自玛丽·斯威尼和她的儿时玩伴约翰·罗奇的真实故事,讲的是七十三岁的阿尔文·史崔特从爱荷华的劳伦斯出发,去威斯康星的锡安山看望互不往来多年的弟弟的故事,他弟弟得了中风。阿尔文眼瞎得不能再开车,又任性固执不愿让人载他一程,他就开着一辆老牌约翰·迪尔割草机,还套了一辆拖车。三百英里的路程,几度停下来修修补补,总共耗时一个半月。从小在威斯康星长大的斯威尼从一段简短的有人情味的报道中读到这一段慢悠悠的公路之旅,这个故事一开始是由 1994 年 8 月由合众社报道的,当时史崔特刚到达目的地。(《纽约时报》报道的标题是"兄弟情深为割草机之旅加油助力"。)林奇被这个简单的剧本所打动,也意识到刻不容缓,斯威尼和罗奇为写这个剧本,作了一番研究,专门驾车去采访了史崔特的亲戚们(他死于 1996 年)。尽管林奇并不算拍这类温情脉脉的题材的佳人选,他还是答应要导这部戏。在阿尔文的演员人选方面,他选中了理查德·法恩斯沃斯,一个七十八岁的老演员,一开始是拍特技的。

他在《十诫》里驾驶一辆马车,在《斯巴达克斯》里给柯克·道格拉斯当替身。拍这部温情脉脉的片子时,要一路沿着阿尔文实际的路线,林奇找来了一班老朋友帮忙:杰克·菲斯克做执行导演,菲斯克的妻子茜茜·斯派塞克演阿尔文有智力障碍的女儿罗斯。他还找来了和他在拍《象人》时合作过的弗莱迪·弗朗西斯,他认为弗莱迪最适合担任这一趟长途跋涉的摄影,当时他已八十一岁高龄了。

1999年5月,《史崔特先生的故事》在戛纳电影节上首映的时候,电影名称的双重意义主导了当时的对话。有评论说,遇到一部看不到怪异感的林奇电影这是多么奇怪的事情啊。但林奇也有催人泪下的感性的那一面,只不过在《象人》之后他基本上没有沉湎于此。也不难看到,他怎样把阿尔文·史崔特——以及法恩斯沃斯,他大部分时候演的都是西部片——和他自己的蒙大拿出身、他农场里的祖父联系在一起,还有他那的父亲,每天要戴着十加仑重的帽子在森林里工作。"我认为这可能是我最有实验色彩的一部电影,"在戛纳时林奇告诉《纽约时报》,"温柔可以和疯癫一样抽象。"评论几乎不约而同都是正面的。法恩斯沃斯后来凭借这部电影拿到了奥斯卡最佳男主角提名。在拍摄过程中,法恩斯沃斯的身体状况正在恶化,这也是他最后一部电影。罹患癌症晚期的他,六个月后就在自己家的农场饮弹自尽。

尽管《史崔特先生的故事》看上去中规中矩,但其实是一部比《我心狂野》更怪异的公路片，它温情柔软，而且是老年人题材，而大部分公路电影片往往充斥着青春和力量崇拜。如果说大部分公路电影往往热衷于拍摄暴力和反乌托邦题材的话，从《史崔特先生的故事》里你看到的只是善良和光明。阿尔文或许有一段黑暗的过往，但一路上他与萍水相逢的陌生人分享故事，天南海北其乐融融。就像《蓝丝绒》那个被打磨得明丽缤纷的开头一样，这是一个乌托邦、一个幻象，这个美国的心脏地带或许不一定像电影里呈现的那样，但林奇希望它是那样的。就像《史崔特先生的故事》这个直截了当的标题所预示的，这部电影和《妖夜慌踪》大异其趣，那是林奇当时拍过的叙事最复杂的一部电影。有人认为《史崔特先生的故事》意味着林奇变得柔软了，也有其他人赞扬说这部电影标志着大器晚成的成熟。这两类结论都言之过早。另一个大转弯已经遥遥在望，那就是云山雾罩的《穆赫兰道》。

11 梦碎大道

穆赫兰道是洛杉矶的分水岭,沿着圣莫妮卡山一路绵延五十多英里,从卡温格山口一直往东到达西边的太平洋,把这一带一分为二,南边是一马平川,北边是圣费尔南多谷。穆赫兰道修建于1924年,以土木工程师威廉·穆赫兰的名字命名。穆赫兰修建了水道,并主持了声名狼藉的水利工程,让一个都市里的海市蜃楼出现在沙漠(通常称之为沙漠,但不甚准确)之上,这堪称现代洛杉矶建立之初的一个神话。穆赫兰道提供了一个理想的有利位置——距离海平面约一千四百英尺——从那儿整个城市尽收眼底。远眺之下,这座大都市似乎既摄人心魄又给人以不祥之感。尤其是在夜里,街灯不多,远处明明灭灭的灯火都让这座城市愈加显得神秘莫测,魅影重重。这片让那么多怀揣梦想的人慕名而来的机遇之乡也是一片"梦想垃圾场",纳撒尼尔·韦斯特[1]在他出版于

---

1 纳撒尼尔·韦斯特(Nathanael West, 1903—1940),美国小说家,被誉为与菲茨杰拉德携手戳破美国梦的讽喻奇才。

1939年的小说《蝗虫之日》里有过这样的描述,这也是第一个也是至今最深刻的对于这片好莱坞热土的警世寓言。

大卫·霍克尼[1]的大型油画《穆赫兰道:通往画室的路》(1980)的灵感来自于他每天上下班途中的所见,这幅画捕捉到了霍克尼说的"空间的震颤",沿路感受到的全方位的方向丧失感。急转弯造就了壮阔的风景,同时也是危险的同义词:一个堆满生锈遗骸的汽车牧场坐落在月桂谷弯道下面,那儿也被叫作"死人弧线"。长久以来,穆赫兰道都是幽会的情人和飙车党们的最爱,包括那些痴迷于速度的名人如加里·库珀、詹姆斯·迪恩、史蒂夫·麦奎因等,它也出现在无数电影的追捕场景中(包括《妖夜慌踪》那场戏)。在一篇题为"穆赫兰道下面"的文章里,作家大卫·汤普森把这条公路想象成格列佛大小的玛丽莲·梦露:"灌木丛、鲜花和蛇在她身体上蜿蜒蠕动,雾水、烟尘或梦在她每一条曲线上集结。"林奇自己也说过:"你可以在这条路上感受到好莱坞的历史。"

这是林奇第九部长片,也普遍被认为是他后期生涯中的杰作,名字就来自这条有故事的公路,开场是一辆轿车在蜿蜒曲折的大道上行驶——这是第一个信号,预示这不会是一个平铺直叙的故事。距离移居洛杉矶过去整整四分之一个世纪后,林奇才把电影场景设置在加利福尼亚,也

---

[1] 大卫·霍克尼(David Hockney,1937—),美籍英国画家、摄影家。

就是那部《妖夜慌踪》，直到《穆赫兰道》，这一部本来计划要做成电视剧的电影，他才拍了一部直接和这个崇尚自我创造的世界之都相关的电影，以及它那代表性的产业：电影。

《穆赫兰道》在夜色中拉开帷幕，但我们第一次看到那个女主角的时候，她正从洛杉矶机场出来。她叫贝蒂，是一个天真无邪灵气十足的女孩。她张大眼睛，陶醉在加利福尼亚的阳光里。贝蒂刚从家乡深河镇（也是《蓝丝绒》里桃乐丝住的公寓的名字）来的飞机上下来，她是那种好莱坞故事里常见的人物。在美国人的想象中，洛杉矶占据着神秘的位置，它是这一片乐土的终点站。这类不远千里逐梦洛杉矶的淘金客们的身上总有一丝挥之不去的心酸和热切，这在流行文化里是很熟悉的。事后证明，《穆赫兰道》的两个女主角记不得自己身处何方。林奇那些和洛杉矶有瓜葛的电影大多会很关心失忆症的问题（黑色电影屡试不爽的戏码），这太恰如其分了。这是一个经常被说成缺乏历史的城市，尽管可能更确切的说法是，这是一个会让你把历史和神话糅合在一起的城市。

林奇如今长居好莱坞山，就在穆赫兰道下面的某个峡谷里，洛杉矶这片区域依然保留着蛮荒本色，荆棘丛生，野狼出没（林奇认为，这可能是佩皮诺为什么会消失的原因，佩皮诺是罗西里尼送给他的一只狗的名字）。1970年8月的一个夜里，开着一辆大卡车跋山涉水之后，他到达洛杉矶。"直到第二天一大早,当我走出圣维森特大道上的小公寓的时候,我才看到这样的光线,"他在《钓大鱼》里写道,"我的灵魂像过了电,我觉得很幸运生活的地方有这样的光线。"在很多关于《穆赫兰道》的访谈里,林奇都会激情洋溢地谈起第一次看到传说中的洛杉矶天光的悸动:"那是我看过的最明亮的东西。从那一刻起,我几乎就不可救药地爱上了它。""就像幸福来到了我身边。美妙极了。""在这儿我感受到了自由。我爱死了那光线,在那儿你会觉得一切皆有可能。"

也是在这个时候,林奇创办了一个网站,来展出他那些五花八门的实验作品,包括电影短片和故意粗制滥造的(在任何层面都是如此)动画短片集《哑巴乐园》。好几年里,davidlynch.com 这个网站上最火的内容就是他的每日天气预报。大部分早晨,林奇都会上传一个他自己的短视频,视频里他穿着白衬衫和黑夹克,面前放着一个咖啡杯,从他屋顶的画室往外望出去。"早上好,现在是 2009 年 3 月 12 号,星期四,"通常是这么开场的,"这里是洛杉矶,多数时候都是蓝天,飘浮的白云,柔和的金色阳光,很安静,52 华氏度,或 11 摄氏度。"大多数天气预报都大同小异。放到一起,就像是对南加州常年如春的气候情况的礼赞,也像是一个面无表情的玩笑。

洛杉矶的光有一种独特的质感,获得过无数艺术家的垂青。那是一种强烈、扁平、爽朗的光,不时投下最戏剧化的阴影,在其他时候又有一种没有阴影的澄澈。1960 年代,包括罗伯特·欧文和詹姆斯·特瑞尔在内的艺术家发起了光与空间艺术运动[1],这一运动深受简约主义和概念论的影响,其作品强调浸入式的环境、感官感知和超验主义的概念。光也是推动二十世纪初的电影工业向西部进军的重要因素,它使得全年拍摄成为可能,拍摄时很少或不需要借助电力照明。(温和的气候、多变的地形以及廉价的劳动力也是附加条件。)好莱坞把这一块永远沐浴在日光之下的土地变成了一个符号帝国。这座城市最具有辨识度的标记就是那个最让人好奇的地标:那是一座山上的大牌子,原本写的是 HOLLYWOODLAND,那是一家房地产项目的广告,如今已不复存在。就像林奇在《穆赫兰道》里生动揭示的,在洛杉矶这座城市里,最重要的东西往往是最明晰可见的。

在拍《穆赫兰道》之前,林奇试过好几次想拍一部关于好莱坞的电影。他和马克·弗罗斯特的第一次合作的剧本《女神》,就是在一本玛丽莲·梦露传记的基础上写成的,这本传记臆想成分居多,主要聚焦的是梦露自杀前前后后的故事。在拍《双峰》的时候,林奇和弗罗斯特还想到了一个主意,为雪莉·芬扮演的角色奥黛丽·霍恩拍一

---

[1] 光与空间运动(Light and Space movement),1960 年代在南加州兴起的推倡简约主义,关注光、空间、范围和容量感知氛围的艺术运动。

部后续电视剧,要把这个边陲之地的危险尤物移植到好莱坞。他们计划给这部电视剧取名为《穆赫兰道》。林奇的粗略想法是要把它写成一个长片剧本,但中途放弃了,去拍了《妖夜慌踪》。他的经纪人托尼·克兰茨之前帮他敲定了和美国广播公司关于《双峰》的合作协议,1990年代末的时候,他又跟林奇提议说合作一部电视剧。

2001年,我采访林奇的时候,那时电影《穆赫兰道》刚拍完,他向我解释为什么会重返电视,尽管他坚决反对电视这一媒介形式,因为有《双峰》和《正在播出》的前车之鉴。"我就是对连续性的故事着迷,所以我又回去了,尽管我很清楚它有负面的一面,"他说,"我只是想在一个世界里待得久一点。"法国导演雅克·里维特曾经说过,对所有讲故事的人来说,"山鲁佐德就是我们的守护神"。当林奇说"结局是最可怕的事情"的时候,他也——可能是无心的——想到了《一千零一夜》里那个神秘的苏丹新娘,这个人物对于悬念艺术的锤炼已臻化境,从而幸免一死。环形的《妖夜慌踪》就是对于没有结局的电影所作的尝试,而电视剧尽管有其风险和限制,也让他至少在一段时间里延缓那个可怕结局的到来。

1998年8月,林奇和克兰茨遇到了杰米·塔瑟斯,商谈《穆赫兰道》的合作。塔瑟斯是美国广播公司娱乐部有史以来最年轻的总裁——部分出于这个原因,他一直处境维艰。尽管美国广播公司和他素来有过节,新的管理层还是很乐于听林奇讲讲这次他有什么想法。《史崔特先生的故事》当时马上就要完成,将由试金石公司发行,这是美国广播公司的母公司迪士尼的一个分公司。同时,行业内部已经有目共睹,尽管《双峰》的下场不尽如人意,但它为日后1990年代风靡一时的剧集《X档案》《北国风云》铺平了道路,也刺激了此类题材的创作。

林奇用来跟美国广播公司做推介的那两页纸后来拍成了试播带里的前几分钟,最后就有了那部电影。车前灯照亮了路牌:**穆赫兰道**。一辆黑色轿车停下,前排的两个男人转过去面对后座那个风情万种的黑发女郎。司机掏出一把枪。这时几个飙车少年从拐角极速追来,哐地撞上了他们的轿车。那两个男人当场毙命。那个女的从车祸中幸存了下来,跌跌撞撞沿着山坡往下走向灯火通明的好莱坞。她进到了一幢没锁门的豪宅,却不记得她自己是谁。第二天,宅子的新房客,一个踌躇满志的金发女演员出现了——丝毫没有因为发现洗澡间里有个赤身裸体的陌生人而被吓到——她决心要帮新朋友解开身份之谜。

广播公司的经理们立马就被吸引住了,林奇告诉他们,他们得买下这个项目才能知道接下来会发生什么。大多数电视剧的第一集样片都是一个小时,在当时,最贵的样片投资是二百万美元。由于对这个项目很有热情——或许因为对林奇这块金字招牌很有信心——广播公司答应为两小时的样片斥资七百万美元:四百五十万由美国广播公司出,另外的二百五十万由试金石公司出，并且规定林奇再拍一点额外的素材，把第一集变成一部剧情长片，这样就可以在海外发行，他拍《双峰》第一集是就是这么搞的。

1999年1月，林奇给美国广播公司寄了一份九十二页的剧本，充实了先前的剧情梗概。如果《双峰》的情节主要依靠一个核心侦探故事，谜题解开的时候众人瞠目结舌，那这一次他要确保的是要设置足够多的叙事引擎。首要的是贝蒂和那个叫丽塔（她看到一张《吉尔达》的海报，于是决定给自己起这个名字，那是一部1946年上映的黑色电影，丽塔·海华斯主演）的神秘失忆女人的感情进展。一个重要的次级情节是，有一个叫亚当的导演，他是个急性子，前途无量，但迫于压力，那些用心险恶的制作人要让一个他们属意的女演员主演他的新片。

美国广播公司娱乐部的主席开始给《穆赫兰道》造势，连着几天给这部电影开绿灯，把它说成是《双峰2》——他小心地补充说明，这次林奇"真的全部详细设计好了"。1999年2月底，电影开机，彼得·戴明担任摄影师（《妖夜慌踪》也是他），林奇的老朋友杰克·菲斯克担任美术总监。"我们是拍给电视的这一事实没有起到什么作用，"戴明告诉我，"就我们所知，我们在拍一部林奇电影。"林奇的故旧亲朋一干人等都来客串演出：在《双峰》里演跳舞侏儒的迈克尔·J.安德森这次演了一个坐在轮椅上的制片公司老板。《我心狂野》的制片人蒙蒂·蒙特格美里这次演了一个戴牛仔帽一脸凶狠但又扑朔迷离的人，安琪洛·巴达拉曼提饰演一个黑帮老大电影融资人。

在主角方面，由于演员得有充足档期这一限制，林奇选择了相对不那么知名的演员，而且一如既往，他都是凭借演员的头部照片和非正式的对话决定的。贝蒂一角，他挑中了澳大利亚女演员娜奥米·沃茨，自从1990年代初移居洛杉矶后，她只在没几部作品里露过脸。丽塔一角由劳拉·赫利出演，她生于墨西哥，以美国小姐出道，拍摄的主要是电视剧。亚当一角他选择的是贾斯汀·塞洛克斯，当时他在一堆独立电影里充当配角，跟凯尔·麦克拉克伦一样看上去时而傻呵呵时而又很老练世故。

即便在他的合作伙伴中间，林奇也拒绝讨论剧情发展，这让他们都很疑惑这个剧要怎么往下拍。从第一集来看，显然事情不是表面那样的。在日落大道餐厅里，一幕似曾相识的创伤记忆上演了：一个男的告诉对桌的男的，他一直重复同一个噩梦，在梦里他感觉到有一股邪恶的力量在后面那个地方（"就是被他吓的"）……却发现那个噩梦突然闯进了现实。（那个一脸污泥的流浪汉从垃圾箱后面猛地现形了，这个形象是林奇最恐怖的发明之一，他是都市丛林中恐惧的显现，自《橡皮头》之后，这一点一直鲜明地反映在他的作品里。）整个电影也有更微妙的不太和谐一致的地方。电影里到处都是好莱坞的老灵魂——安·米勒饰演贝蒂的房东太太，她过去是经典米高梅音乐剧里的踢踏舞明星——当然也不乏一些时代错位的地方。亚当导演的戏中戏看上去像是一出嘟·喔普[1]音乐剧。贝蒂的天赐良机就是她在故乡赢了一场吉特巴舞的比赛，这个角色投射的是多丽丝·戴初出茅庐时的形象，林奇激动尖叫的感情则更不在话下了。

在接受《村声》杂志采访时，沃茨形容她拿到乐观向上的贝蒂这个角色时的反应。"我在想，天啊，这真是一个单面的人物。"她说。然后补充道："她不像是故事里的人物——像是1952年麦片盒上的人！"但和林奇一起共事的剧组成员目测前方会有高能预警。戴明回忆说："我们会看着大卫，然后说，'坏事'要发生了，是吧？他就只是坐在那里，吐出一口烟，啜一口咖啡，一言不发。"

尽管林奇的剧组们愿意信赖他，广播公司的大佬们则更将信将疑。开拍前的预备会议上，冲着他的疑问接踵而来。角色之间怎么联系到一起？丽塔是谁？她跟贝蒂的关系会怎么发展？林奇向美国广播公司的经理们保证，丽塔的身份早晚会揭晓，在此之后，更多谜团也就水到渠成了。他们对于林奇的选角表达了质疑：沃茨当时三十岁，赫利三十四，似乎都老了一点。片场的每日报告传来的时候，金主们开始悔不当初。林奇被激怒了，高层凭借还没加上配乐没剪过的原片就作出如此轻率的评估，要知道音乐和

---

[1] 嘟·喔普（Doo-Wop），一种流行于20世纪40年代至60年代的重唱形式，经常由四至五人组成重唱小组，由一人担任领唱，其他人以密集和声伴唱。

声效设计对他的电影有多重要。就像他害怕的那样,他们看到的只会让他们更紧张。进度似乎比剧本来得慢,对于电视剧来说也着实太缓慢了。等到公司的标准与实践部介入之时,他们的要求就愈发无厘头了。他们要求他剪掉一个拍狗粪的特写镜头。几个回合的斡旋之后,他们默认了,只要这个镜头不要超过屏幕八分之一大小就行。他们还规定说只有反面人物才可以抽烟。

林奇提交了一个只有两个多小时的初剪版,希望美国广播公司可以给他一个更长的时间段(要在两个小时里播出第一集的话,只能播九十分钟,因为还有广告)。经理们给他了他一份备忘录作为答复,上面写着有三十个地方要剪辑和修改。尽管对此感到不爽,但为了让这个项目存活下去,林奇和玛丽·斯威尼熬了整整一宿剪片子,把大段大段的戏都被删了,减到只剩八十八分钟。"就像垃圾粉碎机,"后来林奇这么形容忍痛割爱的感觉,"跟屠夫干的没两样。"林奇声称他从来没有详细研究过美国广播公司给他的那份备忘录,但大部分要求都达标了。气氛灵异的餐馆那场戏没了,更缓慢更有感染力的段落也被切掉了。

林奇把注意力投向了当年的戛纳电影节,刚完成的《史崔特先生的故事》作为参赛片要在电影节上放映。尽管跟美国广播公司麻烦不断,他和克兰茨还是满心期待《穆赫兰道》可以被选中,如果不是秋季档,至少替换到旺季也行。5月初,《纽约时报》上的一篇报道援引了林奇的话，关于电视剧要怎么呈现洛杉矶，他很兴奋地谈到要在这部新剧里探索"不同的氛围"："戏里的山谷和圣莫妮卡大不同，跟波莫纳或和河滨也完全不同。我很兴奋可以在这部戏里拍这么特别的氛围。"美国广播公司的老板们要在5月底公布公司秋季电视节目时间表，在行业里这叫前期展示，面向的观众是纽约的广告商。公布五天前，广播公司的戏剧项目的副总裁通知克兰茨，他们会放弃《穆赫兰道》。林奇接到克兰茨电话的时候，他正在卫生间里，准备出发去赶飞往法国的航班。

那年秋天给《史崔特先生的故事》做宣传的时候，林奇没完没了被问到关于《穆赫兰道》的问题。他没有明确表示他计划挽救这部剧。"过去了就过去了。"他告诉一位记者。《纽约客》发了一篇关于《穆赫兰道》制作过程的报道，主要讲的是美国广播公司和林奇间的冲突。特德·弗里德写的这篇文章对于林奇持同情态度，还说在艺术上冒险的作品没法在广播电视这种谨小慎微的媒介里找到位置。美国广播公司最不想看到的就是再出现更多负面报道。这家广播电视网当时正面临观众流失的问题，在被寄予厚望的年轻观众中间，它们排在国家广播公司和福克斯之后，屈居第三。迪士尼对该公司的娱乐部门进行重组之后，塔瑟斯于八月辞职。许多人本以为要留给《穆赫兰道》的周四晚间黄金档被《荒原》替代了，这是凯文·威廉姆森拍的一部二十多集的情景喜剧,他是《恋爱时代》的编剧。三集之后,也被砍掉了。

对林奇来说,当务之急就是从美国广播公司那里拿回《穆赫兰道》,他们本来想在 2000 年秋天以电视电影的形式播出这部戏。让林奇感到痛苦的是,市面上流传着上百个八十八分钟版的盗版拷贝。一想到这个版本会被上百万观众看到,他就觉得忍无可忍。他开始和美国导演工会周旋,让他们把他的名字从这个项目里拿掉。雪中送炭的金主这时出现了,是法国公司 StudioCanel,他们曾一同制作过《史崔特先生的故事》。1999 年夏天,该公司的制片人皮埃尔·埃德尔曼在洛杉矶拜访了林奇,在看了试播带后,就决定出钱从美国广播公司那儿买下版权,还答应再投资七百万让他把后续的部分拍完,这样就可以变成一部单独的剧情长片。即便林奇接过了埃德尔曼抛过来的橄榄枝,他私底下还是感到不安。他本来就答应广播公司要拍一部面向海外发行的长片,就是根据电视剧版第一集进行修改,要求最多拍一个诗意的结尾,而不是一个多有逻辑性的结局。试播带的唯一意义就是他不知道这个故事会怎么结束。

在打坐的时候,解决方法出现了,在半个小时的静修时间里,他大脑里思绪翻飞,他说想到的点子"改变了我看待那些已经拍下的东西的方式"。看电影版《穆赫兰道》的时候,也会有类似眩晕的视角转换。在一百四十七分钟的前三分之二里,基本上是按照首播带(林奇更喜欢的那个版本)的方式展开的。但最后的三分之一就颠覆了主要的叙述,重新洗牌。在那之前,沃茨还一直是个纯真无邪的女孩,突然就判若两人,变成一个叫黛安·塞尔温的郁郁不得志的女演员。丽塔现在变成了光彩照人的卡米拉·罗兹,亚当的情人和缪斯,以及黛安的前女友。(在第一部分,卡米拉·罗兹是那个金发碧眼初出茅庐的女演员的名字,亚当在黑帮老大的逼迫下不得已选了她,他被反复告诫说:"就要这个女孩。"在第二部分,戴安对一个枪手也说了这句话,她雇他去杀掉卡米拉。)大多数演员又重新登场,扮演不同的角色:安·米勒不再是那个爱管闲事的贝蒂的房东,而变成了为人刻薄的亚当的母亲。那个我们以为可能是丽塔邻居的女人转而变成了戴安的前女友。与一脸惊叹的贝蒂一同走出洛杉矶机场的那对老夫妻,在戴安的幻想里体型大幅缩小,他们嘲笑着她,最后逼得她不堪重负举枪自尽。

林奇认为电视剧版《穆赫兰道》的情节是不会这么发展的。"如果按照常规的方式来的话,这些想法是不会出现的,所以美国广播公司帮了我一个大忙,他们容许我这么去搞,然后又砍掉了它。"他告诉我。但证据显示,林奇准备在叙事内部制造一个断点,就像他拍《妖夜慌踪》时的做法。尽管和美国广播公司开故事创作会的时候,他没有提到会出现交替出现的世界以及人物会改头换面变成另一个人等等细节,但他向公司保证会有的,用好莱坞编剧们的行话来说就是"人物发展",而且还说贝蒂和丽塔会有相反的生命轨迹,贝蒂会失去她的纯真,丽塔会找到救赎。当时林奇脑中已经有这些想法,最明显的迹象就是他决定得有一场在寂静俱乐部的巴洛克风格段落,这个地方之于《穆赫兰道》的意义就相当于红房子之于《双峰》的意义,那是一个时空混乱退迭的空间,在那里身份会错位,现实会变得繁复。寂静俱乐部这场戏没有出现在第一集的剧本里,但林奇计划用在这儿拍的场景——就像红房子——作为第一集的结尾,最后作为整部电视剧最后一个镜头。

寂静俱乐部那段本质上是一段加时表演——一种形而上的歌舞表演,舞台上有一个魔术师主持人,还有一个蓝头发的女士在楼上观看——让丽塔和贝蒂(尤其是她)深切地体会到自身的处境。她们看到一个主持人反复在说**"没有乐队"**……**"但我们可以听到乐声"**。我们听到了音乐,但音乐家在表演。一个歌手(瑞贝卡·德·里奥)来到舞台上,开始了一段无伴奏演唱。为了表现洛杉矶的文化多元主义——这个城市最显著的特点,往往在画面之外依然存在——这首歌叫《Llorando》,罗伊·奥比森《哭泣》的西班牙语版(林奇本来想在《蓝丝绒》里用这首歌,最后他换成了另一首奥比森的歌《在梦里》)。这首歌也让人想到墨西哥民间故事《哭泣的女子》里那个像美狄亚的哭泣女人,在生与死间苦苦挣扎——我们会发现她这种境况跟《穆赫兰道》也有几分类似。

就在她唱到情感高潮的时候,德·里奥倒地晕厥。但她的歌声还袅袅不绝。丽塔和贝塔紧紧依偎在一起哭泣,把这一虚假的展示当成了某种发自内心的流露。声画同步——在这儿故意露出破绽——对于电影的幻觉来说至关重要,也给洛杉矶塔剧院这个地方平添了几分趣味,那是这座城市历史最久的电影院,1927年的电影《爵士歌手》的洛杉矶首映式在这里举行,那是第一部采用同期声的剧情片。

《穆赫兰道》变成了讲述女主角脆弱自我的电影。第一个自我危机的强烈暗示——这个一点一点松绑的幻觉——就在寂静俱乐部之前的几场戏里,那是一个不那么明显的林奇式的情境,贝蒂的姨妈为她争取到了一次试镜机会。那场戏让人有点摸不着头脑,部分原因是林奇为了讽刺效果才构建了这个情境。我们看到贝蒂在家里和丽塔对台词,丽塔对着剧本,台词说得生硬呆板。就这场戏来看,贝蒂不太像一个演员——她对于情感张力(这场戏描述的是一场争吵,逐渐升级到谋杀威胁)的理解不过是对她往常那种活泼生动的本色进行了夸张处理而已。而且她读的那场戏也无药可救:就是那种肥皂剧里常见的拉高调门打鸡血的演法,即便在我们这种没有任何表演经验的外行看来也显得很"业余"。第二天在派拉蒙公司,贝蒂被引荐给一屋子兴致寥寥的行家,这次试镜似乎注定要失败——尤其她还要跟一个叫伍迪（查德·埃沃雷特饰）的老男人一起对戏，那个华而不实的导演给了她一堆大而无当的建议："所以不要试图去演，要自然一点。"

但那其实就是这场戏的意义所在，比我们所期待的"更真实"。色迷迷的伍迪开始贴近贝蒂，她以为是一场争吵的戏让他弄成了调情。贝蒂把他推开，一脸不自在，又或者就是要那么演。这不重要——她配合着伍迪的引导。"演戏其实是互相影响的。"开始演之前伍迪告诉导演。但演戏同时也是假装、想象、说服和相信微妙地融合在一起的——就在那一刻之前，贝蒂似乎都所有这些东西缺乏一种内在的领悟，但就在那一刻她突然心领神会了。

就在伍迪往前一步触摸她的时候，她抓住他的手，同时也掌控了全局。她把自己重新塑造成一个情场老手，在伍迪耳边轻声耳语，主动献出热吻。这时的贝蒂不再一脸羞怯傻笑，她变得精明算计，予取予求。此前不论是作为一个演员还是作为一个普通人，她都很难让我们相信她可以表现出如此富有深度的感情，更别说演出这么灵动的效果。娜奥米·沃茨也是一样，直到拍这部戏之前，她的表演都还没真正开窍。就像是原样复制，贝蒂不可思议的转变也和沃茨的经历如出一辙，沃茨也是从一个默默无闻的小咖变成一个受到肯定的演技派。尽管困难重重，戏里戏外的角色和演员都用分配给她们的台词摘掉了"业余"的标签，将真切的痛苦甚至是愤怒灌注其中。这场戏的最后，贝蒂演出了一种让人信服的悲愤交加的效果——以至于眼神牢牢锁定她的伍迪都不禁后退，仿佛被她刺伤了一般。这场表演或许过于真实了。

一屋子观众惊叹不已，报以热烈掌声，电影随即又回到幽默的安全地带：我们对贝蒂不可思议的成功报以笑声。但我们也在怀疑有些让人不舒服……的事情发生了，电影本身已经偏离了固定的轨道。这个这么懂表演这么懂跟男人打情骂俏的女人是从哪里来的？贝蒂怎么会变得如此沉着冷静[1]？也许她的沉着冷静可以按照字面来理解——就像被另一个自我控制[2]住了一样。这个关键的戏和之后在寂静夜总会的那场暗示了《穆赫兰道》的一种可能的解读路径——这是在映射迷信幻象所带来的愉悦与危险，不论那个幻象是电影抑或是爱情。这是许多伟大艺术的核心之谜，林奇电影里的情感极端倾向当然也是如此：通过何种奇怪的变戏法，技巧获得了情感？如此不自然的东西怎么会同时如此深刻？假的东西什么时候变成了真的？

2001年5月，《穆赫兰道》在戛纳电影节上首映。总体来说，林奇在戛纳战绩颇佳，但是上一次他拍的那部有挑战性的电影《妖夜慌踪》却遭遇了两极评价。《穆赫兰道》这样一部需要观众积极参与的非线性叙事的电影，不

---

[1] 原文为 self-possession。
[2] 原文为 possess。

太容易获得马戏团风的戛纳影展的垂青，在那个直觉判断至上的地方，那种不能立时消化的片子往往会被忽视或抨击。多数评论对于此片还是赞赏的，但也表示看得一头雾水。（《综艺》宣称说这部电影"很引人入胜但故弄玄虚"。）由女演员、导演丽芙·乌曼领衔的评审团把最佳导演的殊荣共同授予给了林奇和乔尔·科恩（获奖电影《缺席的人》）。来自戛纳的那句批评——《穆赫兰道》很美但不好懂——也延续到了美国的首映式上，那年10月的纽约电影节。林奇那时正被诸如这部电影和电视剧版第一集有什么区别这样的问题搞得火大，他不希望大家把这部电影想成是一部弥补之作。"老谈这个，真是脑子**秀逗**了。"他在纽约记者会上没好气地说。

然而，这部电影的幕后故事早已众人皆知，林奇就得回答关于拍摄过程的问题，有时他也会坦诚相告。"新的想法冒出来的时候，我们就会把它做出来，就好像那是个新东西，"他告诉《新闻周刊》，"但是因为它就是这么随性，所以变得好像一个头脑游戏。就像那些超现实主义者把词语丢到空中，由随机的行为来决定。"有的评论者不太受得了这部电影绕来绕去的风格——雷克斯·里德在《纽约观察家》上发表了一篇歇斯底里的长篇大论，抨击说这部电影是"一堆废物和没有逻辑的垃圾"——但也有很多人很高兴对电影进行详细解读。那些对这部电影买账的观众说他们就是喜欢它那种独一无二的叙事结构，作为一部烧脑电影，需要观众费一番脑筋。线上杂志《沙龙》登了一篇文章，题为"你不敢知道的关于《穆赫兰道》的一切"，一一解锁了电影的叙事思路，里里外外进行了细致的梳理。有些延续至今的网站走得更深，电影里的小角色的意义和一些物件的象征意义也被抽丝剥茧大做文章。

《穆赫兰道》之所以引发狂热，是因为观众和创作者有一种集体渴求，希望合力完成虚构实验——去解决，去解码，去解谜——林奇的《双峰》是这方面的开山之作。《双峰》之后，连续性的叙事变得越来越流行，当错综复杂的情节来自更大的隐藏的谜团之时，观众就最疯狂，就像《X档案》（1993—2002）里的阴谋或《迷失》（2004—2010）里那只长毛狗之谜。破碎隐晦的故事对电影来说不算新鲜——实际上他们是现代主义大师如阿伦·雷乃、米开朗琪罗·安东尼奥尼等人的拿手好戏——但《穆赫兰道》适逢一个对复杂叙事兴趣日益高涨的时代。当时的观众已经习惯了昆汀·塔伦蒂诺电影里不断变换的时间把戏，或波兰导演基耶斯洛夫斯基电影里那种更温柔的断裂桥段，他在《两生花》和"蓝白红"三部曲（1993—1994）里探索了互相平行交叉的人生。花招迭出的《非常嫌疑犯》（1995）和《第六感》（1999）也让作为游戏的叙事这一概念变得广为人知。《穆赫兰道》上映数月前，克里斯托弗·诺兰的倒叙实验《记忆碎片》公映，这也是一部讲述失忆症的新黑色电影。诸如《死亡幻觉》（2001）、《初始者》、

(2004)、《时空线索》(2006)等电影说明，时间循环也变成越来越常见的叙事手法。

《穆赫兰道》风头一时无两，也被证明是自《蓝丝绒》以来林奇最受好评的一部电影。《村声》和《电影评论》杂志的年终批评家票选把它列为 2001 年最佳。尽管这部电影在国内票房惨淡，仅获 700 万美元，但还是为林奇赢得了一个奥斯卡最佳导演提名。跟《蓝丝绒》一样，这也是这部电影唯一拿到的提名。这一认可至少说明了林奇作为备受敬仰的好莱坞资深前辈的地位是毋庸置疑的，尽管他一直位处边缘，也说明了《穆赫兰道》就是电影工业的一个神话——林奇对与好莱坞爱恨交加的关系的终极表达。

在描述洛杉矶的时候，林奇不吝溢美之词，用的都是浪漫化的语言，说在这个地方"电影的黄金时代依然生生不息"，"夜里茉莉的芬芳"久久不散。在探索洛杉矶的时候他做的第一件事就是去寻找比利·怀尔德《日落大道》(1950)里威廉·霍尔登开过的那条车道，他逃之夭夭之后驶入日落大道，注定林奇要和默片时代好莱坞的魅影相遇（林奇记得他很失望，因为他发现诺玛·戴斯蒙德的大厦实际上在威尔希尔大道上，那个大厦属于盖蒂家族，很久之前就拆掉了）。

就像林奇深爱的《日落大道》一样，最后发现原来《穆赫兰道》的叙述者也是一个死去的人。林奇拍下了那个标志性的派拉蒙影业大门的镜头，显然是在向《日落大道》

致敬，在那部影片里，也可以看到这扇大门。停放在车库里的那辆车是1929年产的伊索塔·弗拉西尼，就是霍尔登那个角色在怀尔德电影里开的那辆。

尽管《穆赫兰道》沉浸在一种逝去的好莱坞的浪漫情怀中，电影更让人为之动容的是这个城市里的冤魂，那些在事业和情场双双幻灭的演员们的警世寓言。"演员的生命是最艰难的，"2001年林奇告诉我，"他们只有自己，大部分时候都在等待，在期盼，你会看到谁起来了，谁又坠落了这件事上，命运扮演了多么重要的角色。"盘旋在戴安/贝蒂故事之上的是活生生的像玛丽·普雷沃斯特这样的演员的悲惨遭遇，她是一位加拿大出生的默片时代的女演员，死于营养不良，几天后尸体才被发现，身上还留着她的宠物腊肠犬咬过的牙齿印。佩格·恩特威斯尔，一位不温不火的舞台剧、电影明星，据传说她从那块好莱坞指示牌上跳下来结束了自己的生命。甚至还有玛丽莲·梦露，被发现死在自己的床上，姿势就像一个胚胎，像极了贝蒂和丽塔发现的那具尸体，原来那是戴安的尸体。（《穆赫兰道》正巧就是献给一个英年早逝的女人的：一个名叫詹尼弗·西蒙的踌躇满志的女演员，她为林奇做过一段时间的助理导演，2001年在一起车祸中丧生。）

就叙事结构来说，林奇借鉴最多的就是希区柯克的《迷魂记》，这部电影简直就是他的指路明灯，也是最为家喻户晓的电影之一。就像《妖夜慌踪》，用克里斯·马克那篇写《迷魂记》的文章标题来说，《穆赫兰道》也采取了"免费重放"的形式。"你是我的第二次机会，朱迪，"《迷魂记》的男主角斯考蒂（詹姆斯·斯图尔特饰）告诉那个女子（金·诺瓦克饰），他用逝去的心上人的形象重新塑造了她。他把她拖到塔顶，在那儿历史会重演一次。第二次机会、重新开始这类说法，在美国人的想象里很突出，就像要打造出一件完美的复制品，要比原作更真，这一冲动就像翁贝托·埃科在1986年那篇文章"超现实旅行"中所说的"重构的焦虑"。《穆赫兰道》是从一个被抛弃的计划的废墟中重新开始的，代表着第二次机会获得了胜利，但它所讲述却是一个重建失败的故事，根植于一种注定失败但又无法阻挡的想要改写过去的冲动。

关于《穆赫兰道》，有一个流传最广的解读说片子的最后三分之一重新定义了这部电影前面的部分，之前我们看到的其实都是临死之前的幻想：精神崩溃伤心欲绝的戴安最后的爆发，她雇凶杀了她的爱人卡米拉（或者我们认识的丽塔），现在她自己奄奄一息。贝蒂是戴安渴望成为的另一个自我，一个歉疚、悲愤、嫉妒和肉欲的混合体。或许因为这部电影的叙事是倒着来的，又或者他天然就倾向于将现实和幻想间的关系复杂化，林奇对于所谓的幻想（开头那部分）的呈现多多少少是现实主义式的。名义上的现实（第二个镜头）是以不连贯的碎片的形式呈现的，按照噩梦的逻辑展开。

如果说在这些问题都被解答之后,这部电影依然长久在我们心中引起共鸣,那是因为这些问题其实都无足轻重。《穆赫兰道》远非一个等待被破解的谜,破解谜团这一行为本身就是它的主题:那个既愉悦又危险,既本质又荒诞的过程,这一过程让叙述变得合理,也需要和创造意义。不论林奇后期的电影有没有直接提出这些问题,它们都在思考,当现实本身都可以混乱的时代里,故事应该扮演什么样的角色。与林奇精神气质相近的艺术家在这个问题上都惺惺相惜,而且你也不止在电影界(法国新浪潮老将雅克·里维特,广受好评的泰国导演阿彼察邦·韦拉斯哈古)发现这样的情况,文学界也一样。跟林奇一样,村上春树也喜欢在书里处理一些抽象的难题,比如时间的形状和自我的难以捉摸等,而且他也认为越是看似日常生活,其实越有超现实主义色彩。在作品中模糊了概念艺术和先锋小说界限的汤姆·麦卡锡也说过,林奇的电影有一种"特别文学化的逻辑",他把《内陆帝国》和《芬尼根的守灵夜》以及阿兰-罗伯-格里耶的小说相提并论。已故作家罗贝托·波拉尼奥在他最后一部小说《2666》,那部出版于2004年、让人大开眼界的巨著中公开向林奇致敬。在这部小说里,有一个网吧名字就叫"与火同行",里面人物还互相交流彼此最喜欢林奇哪部作品。《2666》是小说中的小说,就像《穆赫兰道》是电影中的电影。在这两部杰作里,对于空虚的形而上的恐惧远远超越了世俗人间的烟火,梦境和现实的联系完全重新连接。通过为表面上的现实（与前面提到的戴安的幻想相比，更不"现实"一些）赋予一个支离破碎的噩梦逻辑，《穆赫兰道》强调的是幻想在为我们的经验赋形这一点上所起到的作用。这种努力既是寻求庇护，也是甘冒风险，在《2666》里，波拉尼奥在形容诗人阿马尔菲塔诺那一颗飘荡无定的心灵时，有异常生动的描述。他的"思绪、情感抑或是漫游……向自由飞跃，即便自由也不过意味着永远的逃离。他们把混乱变成秩序，即便要付出常人所为的失去正常心志的代价"。阿马尔菲塔诺正在反思他自己的精神漫游，但他也可能是在描述像《2666》和《穆赫兰道》这样的作品带给他的不安的力量和给他的指引。

12　统一场域

十多年来,拍电影已经成了林奇的副业,他一直忙着在包括绘画和音乐在内的领域开疆拓土。但他最主要的角色是超觉冥想这一放松身心的技艺不遗余力的鼓吹者。

媒体一直绘声绘色地报道着作为灵修大师的林奇——鉴于超觉冥想的历史一直有争议,林奇这一人设变化或许能为长久以来"邪典电影大师"这一称号增添新的意义。报端文章不免会提到,一个创造了黑暗、恐怖、变态电影风格的鬼才导演到了新时代,居然摇身一变成为了灵修吹鼓手,要知道几十年来这玩意儿都是跟"幸福的傻子"(新嬉皮士)这个词联系在一起的("大卫·林奇平和的内心生活",有一篇文章的标题如是说)。但林奇会追求超越,从逻辑上说这也有一种难以阻挡的合理性,更不用说还有一丝荒诞的幽默意味。他全心全意地履行着作为这一运动代言人的角色,主持筹款和演唱会,甚至到处巡回演讲,还建立了声势浩大的大卫·林奇基础意识教育与世界和平基金会。"通过冥想来推动世界和平,这或许不过是林奇做过的最具林奇主义色彩的事了。"《纽约时报》2013 年如此总结道,这是该报自 2006 年以来发表的第三篇关于林奇和超觉冥想的大稿。

超觉冥想并不是什么新事物。作为 1960 年的反文化浪潮中最风起云涌的精神潮流,超觉冥想把冥想引入到西方,还建立起了获利甚丰的自助产业。念经打坐这一做法可以追溯到古印度吠陀的梵文学说。但真正把它简化售卖给普罗大众的人是玛哈瑞诗·玛哈士,一个印度得道高人。

玛哈士于 1950 年代中期发展出了一套自己的修炼方法,并通过全球巡回演讲进行推广,这也正好迎合了大众对于立竿见影的自我提升修炼术的文化饥渴:一天两次闭上眼睛二十分钟,重复默念心咒,就能缓解压力,降低血压,提升整体的身心健康水平,甚至还能悟道。与禅修和内观需要心无旁骛专心致志不同,超觉冥想毫不费力。有意进行冥想修炼的人唯一需要做的就是付一笔入门课程费用,然后你就会被分到一句量身打造的心咒。

超觉冥想第一次受到媒体广泛关注是因为披头士乐队听了一场玛哈士 1967 年 8 月在伦敦做的讲座,当时披头士的音乐正处于迷幻摇滚阶段,在"爱之夏季"[1] 的巅峰,他们宣称放弃了迷幻剂,代之以"新的抵达迷幻方式"。超

---

1 爱之夏季(Summer of Love),指 1967 年夏季,被称为迷幻摇滚的巅峰。披头士、平克·弗洛伊德等乐队那一年推出了经典的迷幻摇滚专辑。

觉冥想随即大受欢迎，第二年，披头士和他们的小伙伴们——女演员米娅·法罗、海滩男孩乐队的迈克·拉夫及民谣歌手多诺万一起跟随玛哈士隐居在他位于喜马拉雅山脚下的道场，长达数月之久。但这一蜜月期是短暂的，披头士后来愤然离去，据报道他们和玛哈士发生了金钱上的争执，还有传言说玛哈士对女性追随者存有非分之想（包括乔治·哈里森在内的许多人都坚称传言不实）。感到幻灭之后，约翰·列侬写了一首挖苦玛哈士的歌叫《玛哈士》（"你做了什么？/你把每个人都耍了"），哈里森说服他把歌名改成《性感的萨迪》。

但负面新闻和反文化浪潮的消退都没有让超觉冥想就此沉寂，反而愈挫愈勇，到了 1970 年代，它与这主张"我"、推崇自我的十年相得益彰。这一运动在许多美国城市设立了静修中心，大肆鼓吹新的医学研究来证明冥想有百利而无一害，还建立了高等教育基地，即所谓的玛哈士国际大学，后来更名为玛哈士管理大学，一开始在加利福尼亚州南部，之后搬到艾奥瓦州的费尔菲尔德，这个地方很快变成了全美冥想运动的大本营。玛哈士依然是西方流行文化里东方灵修至高无上的象征。他登上了《时代》周刊封面，在梅夫·格里芬[1]的脱口秀里和他及另一位冥想者克林特·伊斯特伍德谈笑风生。

---

1 梅夫·格里芬（Merv Griffin，1925—2007），美国电视主持人、媒体经营者。

不管是在美国电视节目里，抑或在该运动自己的广播网玛哈士频道上对着追随者侃侃而谈，玛哈士并不给人以魅力型大佬的神圣庄严之感。他是一个笑脸迎人的小个子，常年一身白袍，脖子里围着一个花环，他会高声念经一般抨击永恒幸福和不受限制的意识的观念。这个"咯咯笑的大佬"，就像他的绰号一样，尤其像从林奇电影里走出来的人，一个来自另一个世界的人。

谈到超觉冥想的时候，正如他在很多访谈和演讲里所说的那样，林奇往往会提到他第一次与它结缘的那个时刻：1973年7月1日上午十一点，在洛杉矶圣莫妮卡大道上的一家超觉冥想静修中心。从念美术学院起，他就一直听说冥想，但一直心存怀疑：觉得这是"思想控制"，"完全是扯淡"，会让他变成一个"只吃葡萄干和坚果的人"。但当他近期刚变成追随者的妹妹玛莎告诉他的时候，他从她声音中探测到了什么。自从第一次体验到那种让人眩晕的"纯粹狂喜"之后——就仿佛他在电梯里，有人"突然切断了电源"——林奇没有落过一次，甚至在埋头拍电影时也不曾中断。他发现超觉冥想的时候正值人生低谷——《橡皮头》的拍摄陷入停顿，他与佩吉的婚姻摇摇欲坠——他觉得是冥想修行拯救了他的生命。"那时我甚至想过，如果我没遇上冥想，我可能会觉得唯一的出路就是自杀吧。"2014年，接受《好莱坞报道》采访时他说。林奇先前放弃过精神分析疗法，害怕会限制他的艺术创造力，他对禅修也持类似的保留意见,生怕可能干涉他的"艺术生命"。禅修似乎是被动的,与清教徒的工作伦理相冲突,他无法抵制创作的冲动,只要一谈到他的日常仪式时,这种工作伦理就会跑出来。但他却对超觉冥想如痴如醉,正如他对记者克莱尔·霍夫曼说的:"它给你一种感觉,你可以坐在一棵树下,但同时它让你觉得你可以继续工作。"超觉冥想不会阻碍他作为一个艺术家的创作,可以让他"潜得更深",让他更直接地进入自己的无意识,或者按照他更喜欢的一个说法,就像在一片扩大的意识领域游泳,那儿所有的一切都和谐统一。

在超觉冥想运动风起云涌的时候,林奇是全美上百万开始修行冥想的信众之一。据盖洛普民意测验估计,百分之四的美国人口 1977 年的时候在修行冥想。(同年上映的伍迪·艾伦《安妮·霍尔》里,杰夫·高布伦在客串演出时,说出了这部电影最让人难忘的一句台词:"我忘了我的经文。")玛哈士希望打入日益世俗化的西方社会,数学、物理学背景的他致力于将超觉冥想定义为一种科学,而不是宗教,为此他赞助并为不计其数关于冥想的科学研究作宣传。与此同时,超觉冥想变成愈加宏伟的大业,从冥想指导扩大到所谓的锡提[1]项目,这项先进技术要教你飞升或"瑜伽飞行"——实际上,就是在一块垫子上跳上蹦下,

---

[1] 锡提(Sidhi),印度地名。

同时保持莲花的姿势。玛哈士声称，如果团体或大型团体一起练习，世上的犯罪、暴力、意外甚至失业率都会下降。该运动的实质是传教计划，包裹着数学方程式的外衣，所谓的玛哈士效应说如果这个星球上百分之一的人口静坐冥想，就会实现世界和平。超觉冥想继续与时俱进。在贪婪的自由市场为先导的1980年代，它比以往任何时候都像一桩大生意。尽管玛哈士退出了公众视线，最后隐居到荷兰沃德普德豪宅里安享晚年，但他的商业帝国持续扩大，涵盖阿育吠陀保健产品，一家专攻吠陀建筑的建筑公司，多家学院、大学，以及一场叫自然法党的政治运动，在其鼎盛时期，该运动活跃于七十多个国家。

部分信徒抛弃了这个组织，尽管私底下还会继续修炼。降低血压是一回事，实现"世界政府"的宏伟目标则是另一回事。（自我修养大师迪帕克·乔普拉[1]于1990年代离开了超觉冥想运动，部分原因是他与那种"狂热崇拜的气氛"格格不入。）在许多年里，即便在那个对潮流趋之若鹜、对灵修宽容的好莱坞，林奇都对超觉冥想闭嘴不谈，显然是对其污名标签小心翼翼。"我不太谈及冥想，"1990年的一次访谈中他说道，"许多人反对。我只是喜欢而已……"但多年之后，随着冥想渐趋主流化，林奇开始越来越公开拥抱其冥想者的身份。2000年，当量子物理学

---

[1] 迪帕克·乔普拉（Deepak Chopra, 1946— ），在印度出生成长，1984年引介印度草医学到美国，开启身心医学和全方位愈疗的风潮。

家、超觉冥想运动领导人约翰·哈格林以自然法党候选人的身份冲击总统宝座时,林奇为他执导了竞选视频——在这个古怪生硬的宣传片里,哈格林在金质窗帘前背诵着自己的立场(主要是自由主义者和自由论者)。

2001年,林奇报名参加了超觉冥想开悟课程,这一课程是专门为那些有意出资一百万美元与玛哈士共度一个月的修习者准备的。2002年6月,林奇抵达沃德普,结果发现精神导师的真身无缘得见。一批精挑细选的来访者获准进入他晚年居住的木房里,却发现自己面对着的是一张空荡荡的红丝绒宝座,而玛哈士则出现在一个显示屏上,以电话会议的方式从楼上房间传送画面。"当我脑子里回放那一段时,他就在那里,"林奇告诉霍夫曼,"这事儿很奇怪。他就在我们上面,但人在电视里。但仿佛电视不存在一样。就是这样。"这个无形的大佬从另一个房间里指点迷津:就像大卫·柯南伯格《录像带谋杀案》里的场景,那个不露面的欧布莱恩教授,只出现在图书馆的录像带里,又或是林奇自己的电影《穆赫兰道》里那个在控制室的男子,通过内部对讲机发布秘密指令。

开悟课程给林奇带来了莫大的欢乐——"我见到的每个人对我来说都像英雄。"他告诉霍夫曼——愈发用心学习课程。2003年6月,他参加一场在比弗利山庄四季酒店举行的新闻发布会,约翰·哈格林宣布他要在洛杉矶为集体打坐打造一个两千平米的"和平宫",宫殿将按照吠陀建筑的规则面东而建。林奇和其他几位好莱坞影星包括劳拉·邓恩、海瑟·格拉汉姆、劳拉·赫利静坐几分钟,演示超觉冥想。

2003年10月,林奇在曼哈顿的广场酒店又开了一场新闻发布会,宣布他计划筹集十亿善款建立一个全球的和平宫网络,身在荷兰的玛哈士通过卫星传输参加了这一发布会。"现在,我们要为这个世界重新带来和平。"林奇告诉《纽约时报》。(当时距离美国入侵伊拉克刚过去六个月)《Vogue》杂志上的一篇文章描述了林奇在好莱坞山上的办公室里的日常仪式:每天傍晚五点半,所有的电脑和手机都要关机,所有的员工都要到他隔音的录音室里一起打坐。

2005年7月,林奇成立了自己的基金会,与哈格林及神经科学家弗莱德·特拉维斯一道赴全国各大高校开展题为"意识、创造力和大脑"的讲演。耶鲁大学、布朗大学、加州大学伯克利分校以及其他学校的学生慕名而来,想一探究竟,看看林奇创作过程到底是什么样的。他们所听到的是林奇大谈特谈打坐如何对于艺术家来说就像"银行里的钞票",哈格林在演讲里讲了弦理论和意识之间的关系,还演示了一个连通了脑电图描记器的冥想者在超升的时候,大脑活动会发生什么变化。2008年,玛哈士驾鹤西去的时候,林奇和上千信众参加了他在家乡印度安拉阿巴德的葬礼,他在一堆巨大的檀香木堆上被火化,对面是一个神圣的地方,恒河与亚穆纳河在此合流。

林奇与超觉冥想运动间千丝万缕的联系并非没有引发争议。2007 年,他造访德国,想买下恶魔山,此山位于柏林西郊,覆盖一千二百万立方米的二战遗迹。山下埋葬着一个永未竣工的纳粹军事学校,设计者是阿尔贝特·施佩尔[1]。山顶是一个白色圆顶的冷战时期美国"监听站"遗址。这项希望把这个奇妙的遗址改造成一个灵修大学的计划遭遇了负面效应,起因是伊曼努尔·西弗根斯,一个德国的超觉冥想"大拿"一袭白袍,闪亮金皇冠,站在柏林观众面前,身边站着林奇,他公然用德语宣告:"我们要打造一个不可战胜的德国!"他后来澄清说他说的"不可战胜"意思是"没有负面情绪",但事已至此,伤害已经造成。

尽管如此,总体来说,林奇的基金会还是以良善的面目出现的,回归到基本的做好事上。多年来,浮在半空、和平宫之类大而无当的说教已经让位于更切实可感更脚踏实地的好处。自从 1970 年代《第一修正案》通过以来,尽管让超觉冥想进入公共学校的努力偶尔遭遇抵制,林奇基金会成功为那些表现欠佳的学校课堂引入了"静听时间"。大部分努力主要致力于为那些"处于危险中的群体"(包括无家可归者、患糖尿病的土著居民、在押犯人以及得创伤后应激障碍的老兵)提供零成本的超觉冥想练习。有些人

---

[1] 阿尔贝特·施佩尔(Albert Speer, 1905—1981),希特勒的私人建筑师,德国建筑总监,军备与战时生产部部长。

认为林奇在说服这一运动减少报名费这方面功不可没。报名费从他1973年报名时的七十五美元一路飙升至2007年两千五百美元。第二年大跌到一千五百美元（经济萧条或许是一大因素）。不论成本是高是低，自从林奇成立基金会之后，每年超觉冥想报名人数都在上升。

就在林奇成为超觉冥想运动的招牌的时候，他的个人生活也进入到了一个动荡的阶段。2006年5月，他娶了他的浪漫情人玛丽·斯威尼，他过去十五年里紧密的事业伙伴，但这段婚姻一个月后就告吹了。很快他就跟艾米丽·斯托芙走到了一起，这位女演员出演他的《内陆帝国》，比他整整小三十三岁。2009年2月，他俩喜结连理，2011年，林奇第四个孩子劳拉出生，和《我心狂野》里劳拉·邓恩饰演的角色同名。2008年，《纽约时报杂志》记者向林奇问起他的多段婚姻："你结过三次婚？""耶，太棒了。""为什么结过那么多次婚，你还那么开心？""我们生活在相对论的领域。情况发生了变化。"

许多1970年代与林奇一道开始修行的老朋友——包括凯瑟琳·库尔森、弗雷德里克·埃尔姆斯、杰克·菲斯克——也从未间断。他还在片场向许多演员兜售超觉冥想，以及歌手朱莉·克鲁斯和摄影师彼得·戴明。（当出演《双峰》的影星雪莉·芬2013年第一次尝试之后，她在博客上写道："3月24日是我余生第一天。它每天都在改变我的生命。大卫·林奇把它作为礼物送给了我，因为我付不起学这些神圣学说的学费。"）并不是每个和林奇关系密切的人都如此欣然接受。伊莎贝拉·罗西里尼告诉作家格雷格·奥尔森："在我努力尝试练习超觉冥想的时候，我头痛。我从小就是天主教徒，我脑子里塞满的清规戒律已经够多了。"

许多人不禁好奇冥想是不是磨平了林奇的棱角，或逼得他分心了。"如果你是一个冥想者，那不意味着你就要拍关于编织的电影。"2003年他告诉《纽约时报》。但自从他以超觉冥想吹鼓手自居的十年时间里，只拍了《内陆帝国》这一部长片，这是他实验性最强的电影，也是精神宇宙最明晰的一部。他坚称他只是在等灵感降临，等那条大鱼上钩。但有人认为他已然找到更崇高的使命。2011年，电影人阿贝尔·费拉拉在和Indiewire[1]的访谈中一语中的："林奇甚至都不会想再拍电影了。我跟他聊过这个事儿了好吗？我能看得出来，他说到这个的时候。"他还语带嘲讽地补白道："我是一个疯子，而他在推动超觉冥想。"

2006年秋天我采访林奇的时候，有一个比超觉冥想更激起他热情的话题就是数码视频，他最近这部《内陆帝国》就是用数码摄影机拍摄的。"天际线就是数码的界限，"他说，立马就兴奋激动起来，"电影就像焦油坑里的恐龙，大

---

1 美国独立电影网站。

家可能不想听到这种讲法,因为他们爱电影,就像他们爱磁带一样。我也爱电影。我爱!"他做了个怪脸,做出一种更像痛苦而不是热爱的表情:"它那么美。但如果我得再那么做一次的话,我会死的。"

录像带发明于 1950 年代,有别于投射在胶片上的画面,它是一种基于电子信号的视听媒介。在其早期,录像带通常大多用于电视广播,或是一波录像带艺术家应用在美术馆里。林奇最开始试验这种媒介的时候是 1974 年,当时和他一起在拍《橡皮头》的弗雷德里克·埃尔姆斯应美国电影学院的邀请去检测两类录像带。林奇问他能不能用那两个录像带拍一部短片。结果就是一天下午,拍出了那部《被截肢者》,就一个镜头,一个没有腿的女人(凯瑟琳·考森饰)在写一封信,我们从解说词中能听到信的内容,同时一个护士正在护理她残留的肢体,这个过程通过病态的细节得到了呈现了。(考森告诉作家格雷格·奥尔森,美国电影学院的工作人员本来期待看到的是一个简单的摄影机测试,结果吓了一跳,就问埃尔姆斯:"这跟林奇有什么关系吗?")

直到 1990 年代中期,用录像带拍剧情片才变成一种广泛接受的做法,当时模拟信号已经被数码视频取代,而且廉价的便携的迷你 DV 模式被引入。由丹麦的捣蛋鬼拉斯·冯·提尔引领的道格玛 95 运动开启了数码革命的篇章,不久,DV 就被全世界独立影人默认了。高清视频往往和胶片非常接近,很快也为制作公司所通用。但第一波迷你 DV 电影主要分为两大类型:一种是把视频当成一种独立的电影语言,有它自己的表现潜力(比如,道格玛 95 运动的第一个结晶就是《家宴》或《女巫布莱尔》),另一种是试图掩盖或假装忽视其视频属性,仅仅因为它更廉价从而把它当成胶片的替代。

林奇对于用先进的数码摄影机来模拟胶片不感兴趣。他用相对原始的索尼 DSR-PD150 拍了《内陆帝国》,这是一款 2001 年上市的大众型摄影机,零售价不到四千美元。他还用同一部摄影机拍了一些实验短片,比如《兔子》,这是一个系列短片,里面长着兔头的一家人对着录好的情景喜剧笑声背诵着贝克特式的没有逻辑的台词,有几部他放到了个人网站上。林奇很早就领悟到了数字技术的潜能,而且他对此的热情远大于那些年纪比大一半的后辈。2001 年,他创建了迷宫般的网站 davidlynch.com,在上面卖东西(杯子、照片、报警铃声等),以及一些注册会员才能看到的内容(实物动画短片、原创音乐等)。

林奇对于视频的喜爱很大程度上与它能提供的自由度有关——就像画画除了油画布和颜料之外,用不了什么设备,用便携式摄像机也免除了传统制作的限制,班底更小,准备时间更短,也更少受制于投资人。《内陆帝国》一次就写一场戏,断断续续拍了三年多,他脑子里没想好怎么收尾或(至少一开始没有)没有一个统一的想法。一开始就是一段十四页的独白，是他写给老朋友、老搭档劳拉·邓恩的，她演一个讲话粗声粗气的南方夫人，天不怕地不怕地在一个阴冷潮湿的房间里对着一个来历不明的对话者，说出粗俗的性暴力、报复的荤段子。他们在林奇的绘画工作室搭起的影棚里拍了一次，一个镜头七十分钟。他继续以这样一种想到哪里拍到哪里的方式拍："我有一场戏的想法，然后就会把它拍出来，有了另一个想法，再拍出来。我也不知道它们有什么联系。"直到一切步入正轨的时候，他才联系了法国电影公司 StudioCanal，他拍《穆赫兰道》时的恩主。经理爽快答应了，即便就像林奇所说："我告诉他们两件事：'我不知道我在做什么，我是拿 DV 拍的。'"

　　这部电影的名字来自于邓恩，她当时刚搬到林奇家下面那条街上住。有一天，她向他提起说她当时的丈夫、音乐家本·哈珀来自洛杉矶东边的内陆帝国那一带。林奇决定在波兰城市罗兹取景也是水到渠成的事，2000 年的时候，林奇第一次参加在那儿举办的电影节（之后这个电影节举办城市搬到了比得哥什）。罗兹曾是世界纺织之都，也是二战时最大的犹太人聚居区之一，战后这个城市变成了电影工业的中心，还诞生了一所举世闻名的电影学校，安杰伊·瓦伊达、罗曼·波兰斯基等大导演在那里学习过。林奇喜欢这座后工业城市那些被废弃的工厂——他受启发拍了系列照片，2013 年展出——甚至宣布说计划（从那之后这个计划就搁浅了）在罗兹建一个电影制片厂。

《内陆帝国》分裂的片段和平行的世界合在一起讲的是一个身份危机的故事。麻烦开始于一个叫尼基·格蕾丝（邓恩饰）的女演员，她住在一座像洞穴一样的好莱坞大楼里，一个新的邻居（格蕾丝·扎布里斯基饰）来访。随着摄像机不断逼近她的脸庞，她开始用一口浓重的东欧口音讲述了"一个古老的传说"，一个林奇主义版本的基督教人类堕落的故事："一个小男孩走出去玩耍。当他打开门的时候，他看到了这个世界。正当他穿过门口的时候，出现了一个倒影。邪恶诞生了。"她还讲了一个"变体版"，"一个小女孩在市场里走失了，仿佛才出生一半"，还有一条线索说"通过市场后面的小巷"，就能找到"通往宫殿的路"。（2008年接受理查德·巴内采访时，林奇解释说所谓的"市场"和"宫殿"是他从玛哈士那里借用过来的："你如果走过市场，那真的很有趣，但很可能你会被挡住去路，甚至会往回走，你会迷路，然后陷入麻烦。"而宫殿则代表着超越。）

就像那个邻居预测到的那样，尼基拿到一部叫《身着蓝色在天堂》的电影里一个心仪的角色，那是一部矫揉造作的南方情节剧，与她演对手戏的戴文（贾斯汀·塞洛克斯饰）是个花花公子。不久她就发现这部电影是重拍之作，一开始的波兰制作版由于两位主演被谋杀流产了。随着电影和现实交叠在一起，空间和时间也开始发生断裂。这一分钟里，我们还在阳光灿烂的加利福尼亚，下一分钟里我们就置身于大雪纷飞旧日世界的波兰了（内陆帝国指的也是中欧）。尼基开始和她的角色苏融为一体，剧本里写的通奸也开始溢出，进入了现实生活。但究竟什么是真实？谁在梦见谁？除了尼基以外，邓恩至少还扮演了另外两个互相重叠的分身：一个是一开始独白里那个图谋报复的女人，这个女人的戏份被瓜分，分散在整个电影中。另一个生活在一栋破旧的郊区房子里，有时和一群嚼着口香糖、咬手指的妙龄女子待在一起。这个影影绰绰的林奇主义式幕后网络也暗暗揭开了电影工业和卖淫集团的真相。不时穿插其间的是《兔子》里那些让人摸不着头脑的场景。某些用语，往往是那些涉及身份认同困惑的（"我不是你想的那样""看着我，告诉我你是不是之前就认识我了"），在不同的情景下重复，开始拥有一种辟邪般的力量。与此同时，我们看到的这个电影和宾馆房间里的电视机相连，一个神秘的黑发女郎正在和我们一同观看，无声哭泣。

与《妖夜慌踪》《穆赫兰道》不同，《内陆帝国》里没有什么决定性的断裂。相反，这部电影给人的经验仿佛是无尽的自由落体。如果说林奇其他电影更偏爱那种自我拘禁的场所——比如那些邻里故事——《内陆帝国》则跨越不同的大洲，甚至不同的维度，散发出一种烟雾缭绕的气息。在这个洞穴里，很容易发生宇宙时空的混乱，在低音贝斯的映衬下，扎布里斯基区几声巫师一般的声调就让时空折叠了。就像《穆赫兰道》里娜奥米·沃茨那一场试镜让人感到惊讶,这部电影里第一个让人振奋的事件就是我们第一次看到尼基表演的时候,她和影星戴文以及导演(杰瑞米·艾恩斯饰)一起彩排。这个场景很无厘头,但她的表演让人叹为观止。尼基的表演太棒了——那么真实?——以至于摄影棚里爆发出了一阵神秘的噪音,没有被照亮的角落在这里就相当于幽暗深邃的无意识地带。

从《日落大道》到《穆赫兰道》,好莱坞一直有这样一个情杀脉络,而《内陆帝国》就在这个脉络里。有一场戏里,有个角色被人用螺丝刀捅了一刀,然后倒在了好莱坞大道上,在星光大道上留下一摊血迹。这部电影也是向演员们致敬,尤其是那些被电影工业吞噬抛弃的冤魂——那些"在市场里迷失的人"——也是对于他们的技艺形而上的考察。它对一个林奇主义的概念进行了具体阐述,即表演是一种身外的体验,从《穆赫兰道》那一场试镜的戏里可以窥探到这一点。邓恩在表演中投入的强度几乎让人觉得恐怖,这个角色需要她同时在三个(不亚于三个)互相重叠的部分里演出,时不时用一种拖长的南方腔音调说话。"我想到的是我在扮演一个精神崩溃的人,其他人从她脑中漏出来。"在一次 2006 年的访谈里,邓恩告诉我,还补充说她想到了凯瑟琳·德纳芙在罗曼·波兰斯基《冷血惊魂》里演的那个精神病患者。她还说这种时断时续的拍摄进度对于表现一个这样的角色是有优势的:"你难以想象那有多自由。你不确定你要到哪里去,你也不知道你来自哪里。

你只能停留在当下。"

林奇镜头下那些让人毛骨悚然的场景总体上因其丰富的视觉元素得到了中和。《内陆帝国》的灰暗画面乍看之下不太容易适应，特别是因为形式和内容配合得天衣无缝：血淋淋、脏兮兮的色调完全符合电影里那个病态的碎片化的空间。林奇几乎没有怎么掩饰这种媒介的像素、闪烁和阴影等特质，而他对这一媒介的无条件接受也意味着他的DV影像就像胶片一样具有触感。甚至有几个时刻（比如其中一个是在波兰街道上）接近传统的美感，也有几个极端黑暗和极端光明的场景会让人想起林奇的画家身份。鉴于这部电影放弃了叙述逻辑，这一决定也变得越来越好理解了。对于习惯了胶片的肉眼来说，DV似乎更"真"，但同时又没那么真：视频之于电影就像梦境抑或噩梦之于现实。

与胶片相比，视频通常看上去更粗糙，而且几乎是超真实的，色彩更少，对比度更弱，但也正是这些特性让林奇心醉神迷。尽管像Super8这样的胶片分辨率更低，有一种颗粒感、浪漫的魅力，但低分辨率的视频通常看上去比较模糊。"每个人都说：'大卫，但这个质感真的不怎么好。'那是实话，"林奇告诉我，"但那是一种不同的质感。它让我想起那种早期的三十五毫米胶片。你看到的是不一样的东西。它用不同的方式跟你对话。"在调色过程还没达到完美的程度之前，林奇拿低分辨率视频和早期胶片进行对比是有指导意义的：画面越晦暗，做梦的空间也就越大。

难怪这位神秘主义大师反倒会因为视频信息缺乏而倾心不已。

《内陆帝国》的DV是自制小电影、病毒视频和色情视频的媒介——那种日常的琐屑，我们通常会将它们与电视和电脑显示屏联系在一起，而不是电影院，那是一种更私密或更私人化的观影体验，而不是群体性的，这或许就是为什么这个电影在小屏幕上要比大屏幕上效果更好。这种让人作呕的可怕幻觉仿佛从YouTube上那些粗制滥造的货色里冒出来，也像是从女主角那一团烂泥般的无意识中浮现出来的。《内陆帝国》不仅仅看似专属于互联网，而且是从那种飞速联想的超链接逻辑中进化而来。《内陆帝国》里那种不连续的世界和碎片化的精神不仅仅得益自数码视频，还得益于数码剪辑。这是林奇第一部在电脑上剪出来的片子——用剪辑软件，在一种被称为非线性的过程里——而不是在剪辑台上剪出来的。

按照林奇在此处的用法，视频是属于无意识的语言。同样很清楚，对于林奇来说，即使在《妖夜慌踪》里，视频传达的是一种不同的真相：出现在弗瑞德和蕾内家门口的录像带不仅仅是跟踪者的工具。它们预示着被压抑者的回归。侦探问这对夫妻是不是有一台便携式摄像机的时候，弗瑞德说他更喜欢"以自己的方式来记忆……而不一定按照它们实际发生的情况来记忆"。就是在录像带里，弗瑞德不经意间看到了蕾内被砍下来的尸块。DV比胶片更栩栩如生：它的帧频，也就是每一秒里连续画面被捕捉到的频率要高于胶片，也更接近人眼的速率。艺术家罗宾·迪肯说视频为"被看到的东西赋予了一种更真实的感觉"。但对于习惯于胶片的人眼来说，它也会显得过于有点过头。林奇是带着一个天生的视觉艺术家的好奇心和聪明才智使用视频的。他关注的是它的闪烁，它的阴影，它在曝光不足或曝光过度的情况下容易发生变形。在无情的镜头或光源下，身体和人脸不断分离，邓恩无所畏惧地拍着一个接一个变形的镜头。极端的特写是林奇招牌手法，在这部电影里，他用DV摄像机的时候就像在玩一个新玩具，他比以往更专注地凝视着镜头下的人物，仿佛无意中发现了一种全然不同的观看方式。

胶片是一个物理过程，依靠的是光和化学的相互作用。视频顾名思义是一种更远距离更像鬼魅的媒介，是一连串储存在电子以太里的数据。尽管寿命的有限性是胶片决定性的特征，这种介质会随着时间的流逝分解老化，但视频——可以无穷地进行复制——给人一种鬼魅般的无限性。在《内陆帝国》这样一部为数码时代而生的恐怖片里，那个真正的鬼不在那台机器里面。真正的鬼**就是**那台机器。

2006年9月，《内陆帝国》在威尼斯影展上首映，林奇还获颁终身成就奖。跟往常一样，第一轮观众普遍一脸懵圈。《卫报》评论说这部电影"一会儿给人启示，一会儿又不知所云"，而《综艺》杂志则说它"像洗碗水一样又脏又阴暗"。然而，几周后的纽约电影节上，《内陆帝国》卖得最火：媒体场放映被围得水泄不通，公映时随处可见黄牛。林奇一心要全权掌控从制作到展映的过程，从法国制作人那里拿到了美国版权，12 月通过自己的公司 Absurda 发行了这部片子。至少在纽约，《内陆帝国》大获成功，在国际金融中心首映的周末，也就是之前连续数月放映《橡皮头》那个韦弗利电影院，上百位观众没能买到票被拒之门外。林奇还发起了一项运动，为邓恩广受赞誉的演出提名奥斯卡拉票助威——又或者这说明了奥斯卡评选有多荒谬——他在好莱坞的十字路口安营扎寨，就在离星光大道不远的地方，牵着一头活牛，还有一条横幅，写着"**没有奶酪，就没有内陆帝国**"。"美国电影艺术与科学学院的委员们喜欢娱乐业。"他告诉《时代》杂志，解释他为什么这么做，"这就是娱乐业，拉一头牛出来到街上。"

尽管《内陆帝国》往往被视为《穆赫兰道》的姊妹篇——曼诺拉·达吉斯在《纽约时报》上的评论文章称它俩是"邪恶双胞胎"——它明显缺乏先前电影里那种经典好莱坞式的印记和解决疑难的满足感。它所做的是把那种林奇式的恐惧放大到前所未有的程度。2006 年 9 月的一个下午，我为《纽约时报》的一篇采访稿作准备的时候，在他位于好莱坞山的放映室里一个人观看了这部片子，就是《妖夜慌踪》里的那栋房子，直到今天或许都是我观影生涯中难以忘怀的一次体验。隔几个位子，就是林奇的专属座椅（这个位子任何人都不能碰，扶手上放着一个大的烟灰缸以示标记），我坐在那儿感受着这部电影晕头转向的迷幻感，仿佛明了了那个所谓的争议确有其事，按照剧中的一个角色所说的，"故事里头真的有什么东西"，一种致命的而且很可能会传染的东西。《内陆帝国》是林奇最能称得上惊悚片的电影。电影里到处是恐吓战术，其形式就是没完没了的跟踪镜头，突然的切换和响亮的噪音。但这部电影最让人觉得恶心的特效就是说服观众相信它的故事——所有的故事——都自有其生命，它们是能让你居住其中的空间，是萦绕心怀的力量。《内陆帝国》的开头，是一束投影仪的光，一个留声机唱针在纹路上划着，而且它不时让你注意到它是怎么生产出来的。传播媒介仿佛就像是邪恶的化身，以至于我一直不安地注视着电脑屏幕，上面用QuickTime格式放着这部电影。

即使《内陆帝国》让你倍感恐惧，但它在林奇所有的作品里，它的结局可能是最快乐的。《穆赫兰道》看上去更容易让人接受，但它刻画的现实更残酷：那是一个掩藏在噩梦之上的梦境。《内陆帝国》则几乎就是彻头彻尾的噩梦，但仿佛眨眼之间，从噩梦中苏醒，发现是一派优雅的氛围。在电影的结尾，妮基发现她在一间屋子里，里面是一屋子女人（包括娜塔莎·金斯基和《穆赫兰道》里的劳拉·赫利）与一些林奇主义的人物（一个伐木工在锯木头，还有一只猴子，可能是从《与火同行》的最后一场戏里穿越过来的)。一个戴假肢的女人说出了最后一个词——"真美啊"——然后就传来了妮娜·西蒙唱的一首活力四射的歌《罪人》。接着是飞吻传情。大家开始跳舞。有的人把《内陆帝国》解读成一部到达巅峰的作品,而且剧终的场面也像是在谢幕,但或许还是把它看成一种抵抗胜利的欢腾庆祝吧,一个艺术家在他七十年的人生里,找到了新的让自己更自由的方式。

年届七旬的林奇一如既往不得闲,他依然是大众瞩目的焦点,尽管不一定是以电影人的身份引来舆论关注。他不拍电影的时间越久,大家对他的兴趣就越大越广泛。每一次跟他有过合作的人随便提到一句未来可能有什么拍摄计划,都会在网上引发一片众说纷纭。粉丝们会细究他每一个新动向,分析它的意义,讨论它在越来越古怪的林奇式作品集里占据什么位置。

2014年,林奇的言论和行为引发媒体关注的主要有这么几件:4月,他参加了在布鲁克林音乐学院举办的一次对话,活动一票难求。热切的粉丝们不放过他每一句话,即便除了第一次听到他说对坎耶·维斯特[1]很欣赏之外,观众们几乎没有听到什么关于他的新东西。(主持人即兴来了一段《叶子上的血》。"赞。"林奇说。)6月,劳拉·邓

---

[1] 坎耶·维斯特(Kanye West, 1977—),美国说唱歌手。

恩在为新片做宣传的时候，爆料说林奇"正在酝酿"新片，电影博客网站就炸锅了，围绕着这一句语焉不详的评论做起了文章，把它当成什么大新闻。但几周后接受《卫报》采访时，林奇自己却说他"还没有拍新片的计划"，目前正把精力放在"新画"的创作上。

7月，他推出了一款新的女式紧身衣：印花的瑜伽紧身裤和背心。同一个月里，蓝光套装版的《双峰镇：遗失的碎片》上市，收录了《与火同行》的九十分钟被删片段，此前从未与影迷见面。好莱坞首映助阵，全体卡司重聚，如此声势浩大的光碟发行也属罕见。8月，林奇还蹭了一回热点事件，参与了当时风靡社交网络的活动冰桶挑战，这项活动要求参与者在网络上发布自己被冰水浇遍全身的视频内容，然后该参与者便可以点名其他人来参与这一活动，该活动旨在让更多人知道被称为渐冻症的罕见疾病，同时也达到募款帮助治疗的目的。林奇拍摄的这段视频立即成为经典：他把一盆掺有浓缩咖啡的冰水从头顶浇了下来，还拿出小号吹了一段《飞越彩虹》，然后他做出了一个罕见的政治姿态，点名普京（当然普京没搭理他）。评论者说这"很林奇"。有人还上传了一个倒放版的视频。

2014年10月的周一上午，曝出了十年里关于林奇最劲爆的一条新闻：《双峰》第三季将于2016年强势回归，距离当年这部剧给电视业带来革命性的影响已经过去整整四分之一个世纪，劳拉·帕尔默在最后一集里那句神秘预言一语成谶:"二十五年后我会和你再见面的。"她告诉探员库柏。九集全新的《双峰》都将由林奇和马克·弗罗斯特共同编剧,林奇执导,由于林奇在《内陆帝国》之后就再也没拍过一部电影,这一消息立马在网上引起了轰动,大家纷纷猜测哪些演员会回归,新剧会怎样填补二十五间的空隙,是否会回归原剧中没能解开的谜团等等。林奇和弗罗斯特拒绝就此事接受采访,但更多细节很快浮出水面:凯尔·麦克拉克伦确定回归,再度出演探员库柏,弗罗斯特的新小说《双峰镇的秘密生活》将和劳拉的日记一道填补二十五年里的空白。

2015年4月,又生变故,林奇在社交媒体上宣布他不会参与新一季《双峰》的拍摄。"我离开了,因为没有足够的资金让我照我心目中的剧本来拍。"他写道。疑云重重,大家纷纷猜测这是不是讨价还价的手段还是丧失信心,抑或是林奇故伎重演,无法接受丝毫妥协,五花八门的"救救《双峰》"的请愿行动上演了,让人联想起当年第一季被砍时粉丝们发起的投书运动。几位出演过《双峰》的演员联合拍了一个抗议视频("没有大卫·林奇的《双峰》就像一个没有秘密的女孩。"雪莉·李对着摄像机说道。)

一个月后僵局打破了。"事情不是像传言说的那样,"林奇在推特上写道,"它又回来了!!!"娱乐时间电视网确定了林奇将会执导整部新剧,而且新剧会长于原计划的九个小时。大众对于这部剧台前幕后每个阶段的热切关注,说明了林奇从影坛退隐之后留下了一个巨大空白,以及他给一代又一代影迷施下的那道魔咒威力有多强劲。我们许多人在长大成人的日子里都曾与林奇的电影相逢,不论是在游荡时不知不觉地闯入午夜场的《橡皮头》,还是对着银幕上的《蓝丝绒》目瞪口呆,我们从来不知道世界上的事情可以这么变态,也不论我们是被《双峰》勾去了魂魄,又或是被《内陆帝国》弄得一头雾水。

他的电影是诡异的寓言,为深埋心底的创伤和我们时代的欲望赋予了形式,又或许甚至让那些几个世纪来萦绕艺术家和思想者心头的问题找到了表达方式:怎样解释邪恶,怎样与恐惧为邻,怎样让自我完整,怎样让我们认识的这个世界避免分崩离析。对于一个电影导演来说,这样的赞誉或许言之过重,但与我们时代几乎任何一位流行艺术家相比——用林奇式的话来说——他潜得更深,钓到的鱼更大。

致谢

如果少了下面四个人,这本书就就不可能完成:詹姆斯·阿特拉斯、爱德华·帕克、詹姆斯·菲茨杰拉德,当然还有大卫·林奇。我也感谢那些和我讨论过这本书或先前关于林奇文章的人:彼得·戴明、巴里·吉福德、劳拉·邓恩、玛丽·斯威尼、奥尔加·纽沃思、安·克罗伯,最重要的是弗雷德里克·埃尔姆斯和杰克·菲斯克。我也感谢许多编辑在与林奇有关的文章方面给予我的帮助:《纽约时报》的安·柯尔森,《岩石》杂志的约翰·斯万斯伯格,《电影银幕》的马克·佩兰森,《村声》的阿比·诺兰和杰西卡·温特,《电影季刊》的诺亚·艾森伯格,《艺术论坛》的唐·麦克马洪、朱利安·罗斯。在写这本书的时候,我供职于林肯中心的电影协会,写书时没有节目部同仁的支持是不可能的,尤其要感谢弗劳伦斯·阿尔莫西尼。我很幸运,我的研究助理不仅很勤奋,还见解独到:玛丽·勃科斯基、本·肯尼斯伯格、大卫·罗森、丽莎·洛卡西奥、约翰·麦克唐纳德以及玛丽昂·米莱特。在这本书还没成型的时候，有许多朋友和同事都提出了宝贵的建议和鼓励，包括梅丽莎·安德森、安德烈·杜克、列奥·戈德史密斯、B. 凯特、苏西·林菲尔德、汤姆·麦克科马克以及安德烈·皮卡德。还要特别感谢从头到尾见证这本书从无到有整个过程的人：约翰·布鲁斯、斯蒂文·米尔斯、丹·萨利文和阿提纳·蕾切尔·提斯加瑞。

文献

此书引述的资料来自《钓大鱼：大卫·林奇的创意之道》（2006），克里斯·罗德雷不可或缺的访谈合集《与火同行：大卫·林奇谈电影》（2005），以及我和林奇做的几次访谈：一次在 2001 年 10 月，纽约。一次是 2006 年 9 月，洛杉矶，以及 2007 年 12 月的电话访谈。其他引述的访谈资料可以在《大卫·林奇访谈录》（2009）一书中找到，这是一本由理查德·巴尼编辑的含括林奇职业生涯的合集。

我对于林奇和他作品的思考受益于一大批批评、学术和新闻报道作品。下列书籍、文章和讲话给我的帮助是无价的：J. 霍伯曼、乔纳森·罗森鲍姆在《午夜电影史》（1983）一片中对于《橡皮头》拍摄过程的回忆。米歇尔·希翁的《大卫·林奇》（英国电影学院，1992）一片。大卫·福斯特·华莱士的"不动声色的大卫·林奇"一文，这篇文章最初发表在《首映》杂志，后来收录在《所谓好玩的事，我再也不做了》一书中。齐泽克的"可笑的崇高艺术：谈大卫·林奇《妖夜慌踪》"一文。格莱尔·马库斯《未来世界：预言和美国的声音》一书中关于林奇的部分章节。格雷格·奥尔森的《大卫·林奇：美丽的黑暗》一书。2010年汤姆·麦卡锡在泰特现代艺术博物馆做的题为"大卫·林奇的假体想象"的讲话。2011年到2012年间，尼古拉斯·罗姆斯刊登在《电影人》杂志网站上的文章"《蓝丝绒》项目"，以及贾斯特斯·尼兰德的《大卫·林奇》一书。

下面这一系列展览对于勾勒林奇的视觉艺术生涯极其有用："谁的天空在燃烧"（卡地亚基金会，巴黎，2007）、"黑暗的华丽"（马克思·恩斯特博物馆，布吕尔，2009）以及"统一场域"（宾夕法尼亚美术学院，费城，2014）。

所选影片目录

《橡皮头》(*Eraserhead*)(1978)

《象人》(*The Elephant Man*)(1980)

《沙丘》(*Dune*)(1984)

《蓝丝绒》(*Blue Velvet*)(1986)

《双峰》(*Twin Peaks*)(1990—1991)

《我心狂野》(*Wild at Heart*)(1990)

《双峰：与火同行》(*Twin Peaks：Fire Walk with Me*)(1992)

《妖夜慌踪》(*Lost Highway*)(1997)

《史崔特先生的故事》(*The Straight Story*)(1999)

《穆赫兰道》(*Mulholland Drive*)(2001)

《内陆帝国》(*Inland Empire*)(2006)

著译者

作者｜ 丹尼斯·林 DENNIS LIM

丹尼斯·林，美籍华裔作家、电影策展人，林肯中心电影协会规划部主任，现居纽约。曾为《纽约时报》专栏作家，编著有《村声电影指南：从经典到邪典的五十载光影岁月》。

译者｜ 沈河西

沈河西，媒体人，译者，译有《爱与恨的边缘》《24／7：晚期资本主义与睡眠的终结》。

图书在版编目（CIP）数据

大卫·林奇:他来自异世界/(美)丹尼斯·林著;沈河西译.
-- 上海:上海文艺出版社,2020.2
(小文艺口袋文库.知人系列)
ISBN 978-7-5321-7191-0

Ⅰ.①大… Ⅱ.①丹… ②沈… Ⅲ.①大卫·林奇－传记 Ⅳ.①K837.125.78

中国版本图书馆CIP数据核字(2019)第242534号

Copyrights © 2015 by Dennis Lim
All Rights reserved.
This edition is made possible under a license arrangement originating with Amazon Publishing, www.apub.com
著作权合同登记图字：09-2017-866号

发 行 人：陈　徵
责任编辑：曹　晴
装帧设计：Studio Pills

书　　名：大卫·林奇:他来自异世界
作　　者：(美)丹尼斯·林
译　　者：沈河西
出　　版：上海世纪出版集团　上海文艺出版社
地　　址：上海绍兴路7号　200020
发　　行：上海文艺出版社发行中心发行
　　　　　上海市绍兴路50号　200020　www.ewen.co
印　　刷：山东临沂新华印刷物流集团
开　　本：760×1000　1/32
印　　张：7.75
插　　页：3
字　　数：128,000
印　　次：2020年2月第1版　2020年2月第1次印刷
I S B N：978-7-5321-7191-0/K.393
定　　价：33.00元
告 读 者：如发现本书有质量问题请与印刷厂质量科联系　T:0539-2925888

知人系列

汉娜·阿伦特：活在黑暗时代

塞林格：艺术家逃跑了

爱伦·坡：有一种发烧叫活着

梵高：一种力量在沸腾

卢西安·弗洛伊德：眼睛张大点

阿尔弗雷德·希区柯克：他知道得太多了

大卫·林奇：他来自异世界

33 1/3 系列

地下丝绒与妮可

迈尔斯·戴维斯—即兴精酿

大卫·鲍伊—低

汤姆·韦茨—剑鱼长号

齐柏林飞艇 IV

（即将推出，书名暂定）

鲍勃·迪伦—重访 61 号公路

涅槃—母体中

人行道—无为所为

小妖精—杜立特

黑色安息日—现实之主

知物系列

问卷 _ 潘多拉的清单

静默 _ 是奢侈,还是恐惧?

弃物 _ 游走在时间的边缘

面包 _ 膨胀的激情与冲突

小说系列

报告政府

我胆小如鼠

无性伴侣

特蕾莎的流氓犯

荔荔

二马路上的天使

不过是垃圾

正当防卫

夏朗的望远镜

北地爱情

群众来信

目光愈拉愈长

致无尽关系

不准眨眼

单身汉童进步

请女人猜谜

伪证制造者

金链汉子之歌

腐败分子潘长水

城市八卦